CHARISMA

Die Gabe,
Menschen im Herzen
zu berühren

Bert Udo Koch

In einer Zeit, in der die Digitalisierung immer mehr Raum in der täglichen Kommunikation einnimmt, bekommt der persönliche Auftritt eine immer wichtigere Bedeutung. Denn die Inhalte und die Informationen werden zum größten Teil bereits im Vorfeld ausgetauscht. In einem persönlichen Gespräch, in einem Meeting oder bei einer Präsentation geht es daher heute nicht mehr hauptsächlich um das „Was", sondern immer mehr auch um das „Wie". Wie teile ich die Inhalte und die Informationen mit? Bin ich dabei authentisch und ausdrucksstark?

Lektorat: Johann-Christoph Tiedeke, Marion Bauer
Umschlagfoto: Adobe Stock 171305982
Satz & Layout: RM Buchlayout & Grafikdesign, www.buchlayout.net
Bestellung und Vertrieb: Nova MD GmbH, Vachendorf
Druck: booksfactory

Fotografien:
SATI, www.satipics.com
Jutta Holtkamp, www.jutilities.de
Kathrin Kittlass, www.prismatize.de
Adobe Stock, 154206163
Abgebildete Personen: Nicola Bergholz, Karl Pilsl, Bert Udo Koch

© 2018 – Bert Udo Koch – Ich-Konzept-Verlag – www.Ich-Konzept.de
1. Auflage 2018

ISBN 978-3-96443-495-1

INHALT

Die vierte Gabe: Mit der Stimme überzeugen

Die fünfte Gabe: Wirkungsvoll auftreten

Einleitung: Was ist Charisma?

Vor einiger Zeit war ich zu einem Empfang eingeladen. Ich kannte kaum jemanden. So stand ich zunächst an einem Stehtisch und beobachtete interessiert die übrigen Gäste. Meine Aufmerksamkeit richtete sich auf einen jungen Mann, der gerade den Raum betrat. Ich dachte sofort: „Was hat dieser Mann für ein Charisma!" Und so empfanden es scheinbar auch die anderen Gäste, denn er erhielt auffallend viel Aufmerksamkeit.

Spontan fielen mir die Worte ein, die mir Dennis Marschalleck zu Charisma geschrieben hat:

> „Kennst Du das? Wenn ein Mensch den Raum betritt und alle Blicke richten sich auf ihn, obwohl niemand so recht weiß, wer er ist? Da muss doch etwas Besonderes dahinterstecken, oder? Diese Ausstrahlung erzeugt in uns ein Gefühl der Vertrautheit und der Sympathie. Wir werden angezogen von Persönlichkeiten, die offensichtlich zu Anführern geboren sind. Ihre Anziehungskraft wirkt wie ein Magnet auf uns. Diese Menschen strahlen eine positive Energie aus, an welcher wir partizipieren wollen. Wir möchten ihnen zuhören, mit ihnen fühlen und in ihrem Team mitspielen dürfen. Und man weiß gar nicht so recht, warum."

Im weiteren Verlauf des Abends suchte ich das Gespräch mit dem jungen Mann, der so wirkungsvoll den Raum betreten hatte. Schnell stellte sich dabei heraus, dass er von sich selbst mehr als überzeugt war. Er wusste um sein gutes Aussehen, war stolz auf seinen finanziellen Erfolg und erzählte ausschließlich von sich.

Schon nach kurzer Zeit stellte ich mir die Frage: Hat dieser Mann tatsächlich Charisma? Oder kann er sich nur sehr gut darstellen?

Sicher hat er viel Aufmerksamkeit erweckt, aber ist Charisma nicht mehr? Würde eine charismatische Persönlichkeit in einem Gespräch so viel Wert auf Selbstdarstellung legen, dass sie andere damit in den Schatten stellt? Würde sie nicht versuchen, selbst zu strahlen – und gleichzeitig auch das Licht ihres Gesprächspartners erstrahlen zu lassen?

Was bezeichnen wir als Charisma?

Das Wort Charisma stammt aus dem Griechischen und wird übersetzt mit „Gnadengabe". Der Duden beschreibt das Wort „Charisma" mit der Gesamtheit der durch den Geist Gottes bewirkten Gaben – und mit der besonderen Ausstrahlungskraft eines Menschen.

Beide Bedeutungen spiegeln sich in Papst Franziskus wider. Er trägt, als Vertreter Christi auf Erden, alle durch den Geist Gottes bewirkten Gaben in sich, und so kommt die besondere Ausstrahlungskraft seiner Person deutlich zur Geltung.

Als einer der ersten Wissenschaftler hat der amerikanische Psychologe Ronald E. Riggio Studien zum Thema Charisma durchgeführt. Im Jahr 1987 veröffentlichte er in dem Buch „The Charisma Quotient" seine Ergebnisse und gab Antworten auf die Fragen: Was ist Charisma, wie kann man es bekommen und wie wendet man es an? Charisma ist, nach seinen Studienergebnissen, die Fähigkeit, eigene Gefühle ausdrücken zu können, ein hohes Einfühlungsvermögen zu besitzen, sich selbst kontrollieren zu können, gekonnt und facettenreich zu sprechen und sich in jeder Lage angemessen verhalten und überzeugend auftreten zu können.

Auch Prasad Balkundi von der Universität Buffalo im US-Bundesstaat New York hat sich wissenschaftlich mit dem Phänomen Charisma beschäftigt. Er führte gemeinsam mit seinen Kollegen Martin Kilduff und David Harrison eine Befragung von

413 Personen durch, die in unterschiedlichen Teams indischer und amerikanischer Firmen arbeiteten. Die Teammitglieder sollten hierbei das Charisma ihres Teamleiters einschätzen. Bei der Auswertung erzielten die folgenden Charaktereigenschaften die höchsten Zustimmungen:

- Er strahlt Souveränität aus.

- Er berücksichtigt die moralischen Folgen seiner Entscheidungen.

- Er unterstützt den Teamgedanken.

- Er motiviert mich.

- Er regt mich an, Probleme aus einem anderen Blickwinkel zu betrachten.

Ronald E. Riggio und Prasad Balkundi beweisen mit ihren Studien, dass Charisma nicht als eine Gnadengabe vom Himmel fällt. Charisma ist vielmehr die Summe von Fähigkeiten und Eigenschaften, die jeder für sich weiterentwickeln kann. Dies unterstreicht auch die Studie von Kenneth Levine von der Georgia Southern University. Er befragte 422 Studenten. Die meisten gaben zur Antwort, dass Charisma die Fähigkeit zur Empathie sei und die Fähigkeit, gut zuhören zu können. Machen Sie sich bewusst, dass Sie Charisma selbst nicht erlernen können. Sie können jedoch die Fähigkeiten und Eigenschaften Ihrer Persönlichkeit weiterentwickeln – und werden dadurch von anderen möglicherweise als „charismatisch" wahrgenommen. Ich schreibe bewusst „möglicherweise". Denn ob Sie charismatisch wirken oder nicht, das entscheidet immer Ihr Gegenüber!

In diesem Buch gebe ich Ihnen Anregungen für ein wirkungsvolles Auftreten. Dabei ist meine Sichtweise geprägt sowohl von meiner über 25-jährigen Tätigkeit als Schauspieler, als auch von meinen Weiterbildungen zum psychologischen Coach sowie meinen Erfahrungen als Dozent für Rhetorik und nonverbale Kommunikation. Meine Ansichten sind darüber hinaus auch von meinen Erlebnissen mit dem Zen- und Bogenlehrer Kurt KyuSei Österle beeinflusst. Mein Geleitwort zur Schüleraufnahme lautet: „Zen lehrt sorgfältig, in den eigenen Geist zu schauen und mit der Macht der weisen Einsicht geradewegs ins Ungeborene vorzudringen." Meinem christlichen Glauben bin ich weiterhin verbunden. Immer mehr faszinieren mich die Gemeinsamkeiten beider spiritueller Weltanschauungen. So erlebe ich Gott, wie zum Beispiel auch die christliche Gemeinschaft „Findhorn" in Schottland, nicht in einer Dualität mit dem Menschen, sondern vielmehr als eine Kraft tief in uns.

Sie werden in diesem Buch immer wieder angeregt, über Ihr eigenes Verständnis von Charisma nachzudenken, darüber, wie Sie die Herzen anderer Menschen berühren können.

Von dem jamaikanischen Sänger, Gitarristen und Songwriter Bob Marley stammt zum Beispiel das Zitat:

> „The greatness of a man is not in how much wealth he acquires, but in his integrity and his ability to affect those around him positively: Die Größe eines Menschen misst sich nicht an seinem Reichtum, sondern an seiner Integrität und an seiner Fähigkeit, die Menschen seines Umfeldes positiv zu beeinflussen."

In ganz besonderer Weise wird Ihnen die Auseinandersetzung mit dem Thema gelingen durch die zahlreichen Interviews, die ich mit Karl Pilsl geführt habe. Ich möchte mich an dieser Stelle aber auch bei allen anderen sehr herzlich bedanken, deren Gedanken und Anregungen ich in diesem Buch zitieren darf. Hier das erste Interview:

Sehr geehrter Herr Pilsl, Sie sind seit über fünfzig Jahren mit allen Höhen und Tiefen selbstständiger Unternehmer. Sie waren in den USA als Wirtschaftsjournalist tätig und haben bisher mehr als dreißig Bücher geschrieben. Sie gehören zu den einhundert besten Vortragsrednern, Sie sind seit dreißig Jahren ein gefragter Seminarleiter, Sie sind für viele große Firmen ein gefragter Berater und Lehrbeauftragter am Management Center Innsbruck. Ist Charisma nur wichtig für Unternehmer, Seminarleiter oder Führungspersönlichkeiten?

Karl Pilsl

„Charisma ist für jeden Menschen wichtig. Ich glaube, dass jeder Mensch eine Art von Charisma hat. Manche Leute haben ein eher negatives Charisma, eine negative Ausstrahlung. Aber Unternehmer, Führungskräfte, Seminarleiter, Public Speaker und vor allem Leader müssen unbedingt eine positive Ausstrahlung haben. Eine Ausstrahlung, die die Menschen anzieht. Jedes Wort ist ein Gefäß, und dessen Inhalt ist das, was die Menschen anzieht. Worte sind Gefäße, man nennt sie auch Worthülsen, denn sie sind mit etwas gefüllt. Und wenn sie mit Power gefüllt sind, mit Liebe und Freude, wenn sie nun mit einem Herzen gefüllt sind, das für andere bereit ist, sein Leben hinzugeben, dann hat das eine ganz besondere Auswirkung auf andere. Genau diese Ausstrahlung ist das Charisma.

Es ist sehr stark verbunden mit einer gewissen Berufung. Und unterschiedliche Berufungen brauchen unterschiedliche Ausstrahlungen. Auch das gehört zum Charisma.

Daher ist es immens wichtig, sich in andere Menschen zu investieren. Wer sich nicht in Menschen, sondern in Materie investiert, der hat schlecht investiert oder überhaupt nicht. Kurzfristig denkende Menschen investieren in Tomaten, mittelfristig denkende Menschen investieren in Unternehmen und Firmen, aber langfristig denkende Menschen investieren sich in andere Menschen. Und wenn ein Mensch bereit ist, sich in andere Menschen zu investieren, dann wird er besonders attraktiv für die, in welche er sich investiert. Und Attraktivität löst einen Automatismus aus. Attraktivität bringt Anziehungskraft, Anziehungskraft bringt größere Nachfrage, größere Nachfrage bringt größere Stückzahl und sorgt dafür, dass immer mehr Menschen kommen. Die entscheidende Frage ist daher: Ist jemand bereit, sich in andere zu investieren? Oder benutzt er sie nur? Davon hängt seine persönliche Zukunft ab."

Der Trainer, Clown und Eventmanager René Neumann hat mir geschrieben:

„In der Geschichte gab und gibt es Zeitgenossen, die ein „negatives Charisma" haben. Diktatoren, Tyrannen, geschickte Verführer zeugen immer wieder davon, dass es offensichtlich auch eine negative Seite von Charisma gibt. Was für mich das entscheidende Verständnis von Charisma ist, ist die positive Seite. Charisma bedeutet für mich mehr als nur eine „positive Ausstrahlung". Denn eine positive Ausstrahlung können viele Menschen haben. Doch zu Charisma gehört, meiner Meinung nach, auch noch ein „Impuls-Effekt", eine Begeisterungsfähigkeit für eine Sache, die die Menschen mitreißt und ansteckend auf sie wirkt. Eine positive und energetische Ausstrahlung, die eine Anziehungskraft auf andere hat in Gedanken, Worten und Taten. Helden der Zeitgeschichte, denen man Charisma nachsagt, wie Nelson Mandela, Martin Luther King, Siddharta oder auch Jesus, zeugen davon. Es sind Menschen, die ihre Umgebung positiv beeinflussen können. Wenn sich die Atmosphäre in einen Raum verändert, dann ist dies für mich ein konkreter Hinweis auf eine charismatische Persönlichkeit. Charisma muss für mich nicht immer laut und angeberisch daherkommen, sondern kann still, leise und ganz fein wahrnehmbar sein. Menschen, denen ich am ehesten Charisma zuschreiben würde, sind für mich vor allem dadurch gekennzeichnet, dass sie authentisch, ehrlich, offen, aufrichtig, leidenschaftlich, mutig und aktiv sind."

Ein Charismatiker nutzt seine besondere Ausstrahlungskraft ausschließlich dazu, um ehrlich und offen zu überzeugen. Ein Charismatiker würde niemals seine Ausstrahlungskraft einsetzen, um für sich selbst zu einem Vorteil zu gelangen. Das ist der große Unterschied zwischen Charismatikern und Demagogen, die ihre Gnadengabe missbrauchen, um Menschengruppen für ihre eigenen Interessen zu mobilisieren.

Übung: Bevor Sie nun weiterlesen, möchte ich Sie zu einem Selbsttest ermutigen. Die folgenden zwanzig Fragen werden Sie fragen nach Ihrer Wirkung auf Ihre Mitmenschen. Bewerten Sie bitte Ihre Antworten auf den Zahlenstrahlen von Null bis Zehn. Bei Null schätzen Sie sich gering ein, bei Zehn entsprechend hoch.

Wie authentisch bin ich?

0   1   2   3   4   5   6   7   8   9   10

Kenne ich meine Werte?

0   1   2   3   4   5   6   7   8   9   10

Wie achtsam gehe ich mit anderen um?

0   1   2   3   4   5   6   7   8   9   10

Bin ich empathisch?

0   1   2   3   4   5   6   7   8   9   10

Bin ich intuitiv?

0   1   2   3   4   5   6   7   8   9   10

Unterstütze ich gern andere?

0   1   2   3   4   5   6   7   8   9   10

Kann ich mich unterordnen?

0   1   2   3   4   5   6   7   8   9   10

Übernehme ich die Verantwortung für mein Handeln?

0   1   2   3   4   5   6   7   8   9   10

Bin ich willensstark?

0   1   2   3   4   5   6   7   8   9   10

Lebe ich gemäß meinen Zielen?

0   1   2   3   4   5   6   7   8   9   10

Kann ich mir Fehler eingestehen?

0   1   2   3   4   5   6   7   8   9   10

Wie selbstsicher bin ich vor einer Gruppe?

0   1   2   3   4   5   6   7   8   9   10

Bin ich in ungewohnten Situationen in innerer Balance?

0   1   2   3   4   5   6   7   8   9   10

Kenne ich die Wirkung meiner Körperhaltung?

0   1   2   3   4   5   6   7   8   9   10

Kann ich gekonnt und facettenreich sprechen?

0   1   2   3   4   5   6   7   8   9   10

Kann ich gut zuhören?

0   1   2   3   4   5   6   7   8   9   10

Kann ich in einem Konflikt die Sichtweisen anderer wahrnehmen?

0   1   2   3   4   5   6   7   8   9   10

Kann ich Mitmenschen mit meinen Ideen begeistern?

0   1   2   3   4   5   6   7   8   9   10

Macht es mir Freude, frei und spontan eine kurze Rede zu halten?

0   1   2   3   4   5   6   7   8   9   10

Wie gut kann ich eine Gruppe führen?

0   1   2   3   4   5   6   7   8   9   10

Wenn Sie alle Fragen beantwortet haben, können Sie jetzt einen Mittelwert errechnen. Addieren Sie hierzu alle Punkte und teilen Sie diese durch zwanzig. Am Ende des Buches werde ich Sie noch einmal zu diesem Selbsttest einladen.

Als ich mich vor einiger Zeit mit einem Piloten über Charisma unterhielt, tauchte bald die Frage auf: Ist es wirklich Charisma, wenn ein Pilot in seiner schicken Uniform durch das Terminal schreitet und bewundernde Blicke erhält, oder läuft da einfach nur ein „Film" in den Köpfen der Fluggäste ab, der sie annehmen lässt, dass der Pilot charismatisch ist?

Sicher haben viele Piloten eine große Ausstrahlung. Und sie brauchen wegen der großen Verantwortung in ihrem Beruf auch eine gereifte Persönlichkeit. Doch hat eine solche Persönlichkeit auch automatisch Charisma?

Der Pilot schilderte eine Begebenheit und erzählte:

„Ein guter Freund ist manchmal seinen Kindern gegenüber sehr bestimmend. Einmal wollte er seinem Sohn ganz genau zeigen, wie der seine Hausaufgaben zu machen habe. Daraufhin antwortete der Zehnjährige: „Nein, Papa, ich mache das so!"

Ist das nun schon Charisma oder einfach ein bereits ziemlich gefestigter Charakter?

Wo liegen die Unterschiede, wenn wir sagen: Der ist eine Persönlichkeit, aber der hat Charakter; diese ist authentisch, der hat Charisma?"

Herr Pilsl, welcher Mensch beeindruckt Sie am meisten?

„Das ist für mich ganz einfach und klar zu beantworten. Ich habe schon vor dreißig Jahren bei meinen Leadership-Seminaren meinen Seminarteilnehmern eine Liste mit den dreißig großartigsten Persönlichkeiten gegeben, die diese Welt jemals betreten und verändert haben. Auf der Liste standen alle möglichen Leute von Sokrates bis Churchill. Dann stellte ich ihnen folgende Aufgabe: „Kreuze zehn von den dreißig an!" Dann habe ich ihnen die Aufgabe gestellt: „Suche jetzt von den zehn Leuten jene Drei heraus, die die Welt am Nachhaltigsten verändert haben." Wenn sie nun drei ausgewählt hatten, dann sagte ich: „Kreuzt jetzt nur noch einen an!"

Bis auf ein einziges Mal war die Antwort: Jesus Christus. Interessanterweise kam diese Antwort auch von Menschen, die mit Gott nichts zu tun haben wollten. Zweitausend Jahre später ist er noch der Mittelpunkt des Lebens für unglaublich viele Menschen. Dann kam meine entscheidende Frage:

Wenn Jesus Christus für dich der größte Leader aller Zeiten war, warum willst du dann Leadership von jemand anderem lernen, von Sokrates oder von irgendjemand sonst?

Das war überzeugend. Also haben wir uns dann mit der Frage beschäftigt: Was machte Jesus Christus zum Leader? Das war die Klarheit seiner Worte! Er war überzeugt von seinem Auftrag. Er war entschlossen, einfach das Richtige zu tun, auch wenn es vielen (besonders den Schriftgelehrten und Pharisäern) nicht gefallen hat. Er war furchtlos. Angst, Furcht und Sorge: Das passte nicht zu ihm. Er war unkonventionell, hat Dinge getan, die andere nie tun würden. Er war zielorientiert und wusste genau, warum er auf die Erde gekommen war. Er war den Menschen zugewandt, sah ihre Nöte. Er war damit beschäftigt, sie zu heilen; etwas anderes hat ihn überhaupt nicht interessiert. Und wenn er gehandelt hat, dann war es ein Handeln aus Liebe. Wenn wir Jesus Christus zu unserem Vorbild machen, dann werden wir versuchen, ihm immer ähnlicher zu werden; dann wollen wir so leben, wie er gelebt hat; so handeln, wie er gehandelt hat; so sprechen, wie er gesprochen hat. Dann können wir auch ganz sicher sein, dass viele unsere Nähe suchen. Dann haben wir ein gewaltiges Charisma."

Um die persönliche Ausstrahlungskraft weiterzuentwickeln, braucht es Übung. Mit jeder Erfahrung, die Sie auf diesem Weg machen, werden Sie mehr und mehr die Herzen anderer Menschen berühren. Dabei dürfen Sie ganz sicher auch hin und wieder einmal über Ihren Schatten springen und Neues ausprobieren. Wenn sich da Ihr innerer Kritiker meldet und Ihnen ins Ohr flüstert: „Du kannst das nicht!", dann denken Sie an eine Hummel. Eine Hummel hat eine Flügelfläche von 0,7 Quadratzentimetern und ein durchschnittliches Gewicht von 1,2 Gramm. Nach allen bekannten aerodynamischen Gesetzen kann die Hummel überhaupt nicht fliegen, denn ihre Größe, ihr Gewicht und die Form ihres Körpers im Vergleich zur Spannweite ihrer Flügel machen ihr das Fliegen eigentlich unmöglich. Doch eine Hummel weiß das alles nicht – und so fliegt sie bekanntlich doch!

Dazu möchte ich noch eine Geschichte aus meinem Leben erzählen. Schon in meiner Grundschulzeit machte es mir Spaß, kleine Sketche zu spielen. Als ich später auf dem Gymnasium war, konnte ich aber in der Theater-AG nie richtig Fuß fassen. Die Hauptrollen wurden immer unter meinen Freunden verteilt, doch zu denen gehörte ich anscheinend nicht. Eines Tages las ich in der Zeitung, dass ein Schauspieler hier ein neues Ensemble aufbauen wollte und Laienschauspieler suchte. Ich nahm Kontakt zu ihm auf und bekam einen Termin für mein erstes Casting. Schnell wurde klar, dass ich in dem Ensemble mitspielen könnte. Ich hatte überzeugt. Doch war mein Engagement mit einigen Bedingungen verknüpft. Vorgesehen waren jeden Abend drei Stunden Probe – und das sechs Monate lang! Dann sollten 15 Aufführungen folgen. Ich wollte unbedingt dabei sein und sah über alle Schwierigkeiten hinweg. Damals hatte ich gerade die 12. Klasse abgeschlossen und musste mich nun auf das Abitur vorbereiten. Mein Leben bestand nur noch aus Schule, Lernen und Theaterproben. Da ich außerhalb von Heidelberg wohnte und abends nicht mehr nach Hause kam, mussten mir meine Eltern ein Zimmer in der Stadt anmieten. Das Zimmer hatte eine Dachschräge und war sechs Quadratmeter groß. Dusche und Toilette waren auf dem Flur. Bis heute bin ich meinen Eltern unendlich dankbar, dass sie mir dies ermöglicht haben. Nach langer Zeit kam es dann endlich zur Premiere. Was für ein wunderbarer Moment! Meine Eltern, Freunde und Bekannten waren da, außerdem Journalisten sowie Regisseure und Schauspieler von anderen Theatern. Noch heute ist der tosende Applaus am Ende der Vorstellung in meinen Ohren. Ich – wir gemeinsam im Ensemble hatten es geschafft! Alle Mühe und Arbeit hatte sich gelohnt. Das Publikum war begeistert. Und ich war überglücklich, diese Chance angenommen zu haben. Es war der Start in mein Berufsleben!

Herr Pilsl, als Wirtschaftsjournalist haben Sie in ihrem Leben viele große Persönlichkeiten kennengelernt. Was können wir von großen Persönlichkeiten lernen?

„Eines der schlechtesten Dinge, die Eltern mit ihren Kindern oder Lehrer mit ihren Schülern machen, ist, wenn sie ihnen ständig sagen: „Das tut man nicht, das gehört sich nicht! Das kannst du noch nicht" oder „Da bist du noch zu klein dazu!"

Wie soll ein solches Kind jemals ein starkes Selbstvertrauen bekommen können? Der Leader des 21. Jahrhunderts soll Mut verbreiten, andere ermutigen und inspirieren. Er soll auch mit Traditionen brechen können. Es gibt davon zu viele, die uns gebunden halten. Es gibt natürlich auch gute, die wir tausend Jahre beibehalten sollten. Es gibt aber auch solche, die sich eingeschlichen haben in unsere Familien und Organisationen. Die müssen gebrochen werden. Und wir brauchen Mut, um Dinge zu tun, wozu andere nicht bereit sind. Nur dann können wir etwas erleben, was andere nie erleben werden. Wir werden mutig sein und Visionen haben, die der Zeit voraus sind. Ein großartiger Leader sieht, was kommt. Er hat die Fähigkeit, die Zeichen der Zeit zu erkennen und sich auf die Zukunft vorzubereiten. Ja, er kann eine Botschaft daraus formen und andere auf seinen Weg mitnehmen.

Wir dürfen auch nicht vergessen, dass wir immer Diener sein sollen. Der Größte unter euch ist der, der dient. Wenn du wirklich vorwärtskommen möchtest, dann hilf anderen beim Vorwärtskommen! Verliert eine Kerze etwas, wenn sie andere Kerzen anzündet? Du verlierst nichts, wenn du anderen das weitergibst, was du weißt und was du kannst. Das, was wir in andere investieren, multipliziert sich. Wenn ein Bauer 100 Kilo Saatgut auf seinem Acker ausgebracht hat, dann hat er nicht einhundert Kilo weniger als vorher, sondern wahrscheinlich zehntausend Kilo mehr! Niemand wird jemals geehrt für das, was er empfangen hat. Aber viele Leute werden geehrt für das, was sie weitergegeben haben; für das, was sie in andere Menschen investiert haben."

DIE ERSTE GABE:
WERTSCHÄTZEND HANDELN

Beispiel Mutter Teresa

Mutter Teresa wurde 1910 im heutigen Mazedonien geboren und starb 1997 an ihrer großen Wirkungsstätte in Kalkutta. Sie wurde weltbekannt durch ihre liebevolle und wertschätzende Arbeit für die Ärmsten der Armen, für Obdachlose und Kranke. 1978 erhielt sie den Balzan-Preis für Humanität und im Jahr darauf den Friedensnobelpreis. Von der katholischen Kirche wurde sie heiliggesprochen.

Bereits mit zwölf Jahren entschied sie sich nach dem frühen Tod ihres Vaters für ein Leben als Ordensfrau. Mit achtzehn Jahren bat sie um Aufnahme als Novizin bei den irischen Loretoschwestern. Sie wurde nach Kalkutta gesandt. Dort war sie zunächst als Lehrerin, später auch als Direktorin an der St. Mary's School tätig. Im Jahr 1926 legte sie ihr Treuegelübde ab. Fortan nannte sie sich nach der Heiligen Therese von Lisieux „Teresa". 1947 verspürte sie die Berufung, den Ärmsten der Armen zu dienen und bat um die Erlaubnis, die klösterliche Klausur der Loretoschwestern verlassen zu dürfen. Sie blieb jedoch weiterhin Ordensfrau. Nach der Unabhängigkeit Indiens nahm sie die indische Staatsbürgerschaft an und gründete 1950 die Gemeinschaft der „Missionarinnen der Nächstenliebe". Heute gehören dem Orden dreitausend Schwestern und fünfhundert Brüder in über 140 Ländern an. Durch den Journalisten Malcolm Muggeridge wurde Mutter Teresa weltweit bekannt. Sie bereiste viele Metropolen, um Unterstützung für ihre Arbeit zu finden. Mit Lady Diana war sie eng befreundet. Das Galadinner, das ihr zu Ehren nach der Verleihung des Friedensnobelpreises abgehalten werden sollte, lehnte sie ab und ließ sich das Geld dafür ausbezahlen, um ihre Projekte zu finanzieren. Als Humanistin wollte sie nicht nur den Sterbenden Trost spenden, sondern auch Hilfe für die Lebenden organisieren. Bis zu ihrem Tod lebte sie in Demut und engagierte sich für die Armen. Bei Umfragen wird sie immer wieder als Vorbild für praktische Nächstenliebe genannt. Sie selbst bezeichnete sich bescheiden als „Bleistift in Gottes Hand".

Die kurze Beschreibung ihres Lebens macht deutlich, dass Mutter Teresa ein durch und durch authentisches Leben führte, und ihr Handeln einer tiefen Wertschätzung gegenüber der Menschheit entsprang. Als Vorbild wird sie von so vielen auch deshalb wahrgenommen, weil ihr Handeln auf einer ganzen Reihe von Werten beruhte. Durch Werte wie Liebe, Wertschätzung, Demut, Dankbarkeit und Authentizität wirkt Mutter Teresa bis heute so charismatisch auf uns.

Authentizität

Authentizität ist nicht eine Hülle, die Sie sich überstreifen können. Authentizität entsteht tief in Ihnen, wenn Sie selbst wissen, wer Sie sind und wie Sie wirken. Wenn Sie selbst mit sich im Reinen sind. Wenn Sie aus echter Überzeugung handeln – und nicht versuchen, eine Rolle zu spielen. Nur so ist es Ihnen möglich, die Herzen anderer Menschen zu berühren.

Hierzu gibt es eine wunderschöne Geschichte. Sie handelt von einer weisen Frau und den Bewohnern ihres Dorfes. Die weise Frau geht gebückt auf der Straße und sucht ganz offensichtlich nach etwas. Die Dorfbewohner fragen: „Was suchst du?" Die weise Frau antwortet: „Ich habe eine Nadel verloren!" Sofort helfen die Dorfbewohner ihr bei der Suche, doch so gründlich sie auch auf der Straße suchen, sie finden die Nadel nicht. Nach einiger Zeit fragt ein Dorfbewohner die weise Frau: „Kannst du uns vielleicht sagen, wo du die Nadel verloren hast?" Und die weise Frau antwortet: „Im Haus. Im Haus habe ich sie verloren." Daraufhin stellten alle ihre Suche ein und schauten verwundert auf die weise Frau. Sie aber sprach mit fester Stimme: „Ich wollte euch ein Gleichnis geben. Ihr sucht im Außen, was ihr in eurem Inneren verloren habt. Aber dort werdet ihr es niemals finden, auch wenn ihr noch so gründlich danach sucht."

Diese Geschichte verdeutlicht sehr gut den Unterschied zwischen Authentizität und Glamour. Wenn Sie Ihr „Ich" im Inneren verloren haben, werden Sie es im Außen nur noch glamourös inszenieren können. Das ist oftmals auch die große Schwäche von ganz oberflächlichen Image- oder Persönlichkeitsberatungen. Sicher kann man sich mal für eine gewisse Zeit „in Szene setzen". Kleider machen schon Leute. Aber nicht für lange. Jede Inszenierung wird schließlich wie ein Luftballon zerplatzen, wenn ein Mensch nicht seinen innersten Kern kennt und wenn er nicht weiß, wie er nach außen wirkt.

Großartige Schauspieler sind immer authentisch. Sie wissen genau, wer sie sind und wie sie wirken. Sie können in Rollen hinein- und aus ihnen herausschlüpfen, ohne dass sie ihre Authentizität verlieren. Ich finde es daher immer wieder sehr faszinierend, wenn ich Schauspieler bei der Verleihung eines Filmpreises sehe und gleichzeitig auf der Leinwand Filmausschnitte von ihnen gezeigt werden. Scheinbar handelt es sich um zwei völlig unterschiedliche Menschen. Da gibt es die eine Person, die gerade im Abendkleid oder Smoking den Preis entgegennimmt. Und dann gibt es auch den Schauspieler in seiner Rolle auf der Leinwand. Und doch sind beide absolut authentisch.

Herr Pilsl, in ihrem Seminar „Der Menschenspezialist – und die visionäre Unternehmensführung" verdeutlichen Sie, dass Integrität sehr wichtig für den heutigen Führungsstil ist. Ist Integrität gleichzusetzen mit Authentizität?

„Integrität bedeutet, auch im versteckten, stillen Kämmerlein, dort, wo niemand zuschaut, das zu tun, was man auch in der Öffentlichkeit tun würde. Es bedeutet, seine Werte als Charismatiker so zu leben, dass es ganz egal ist, ob es jemand gerade sieht oder nicht. Das ist integer. Und das ist auch authentisch. Wenn du dich immer wieder verstellen musst, wenn du in die Öffentlichkeit gehst, und wenn du dort ein anderes Leben leben musst, als das, was du hinter den Kulissen lebst, dann kommst du automatisch in Stress. Dann wird es schwierig. Dein Charisma samt deinen Talenten kann dich womöglich schnell an die Spitze bringen. Aber nur Charakter, gepaart mit Integrität hält dich oben. Ein Leader ist ein Vorbild für andere. Wenn du kein Vorbild bist mit dem, was du sagst und was du tust, werden alle, die du führen möchtest, nie das tun, was du sagst. Sondern sie werden immer auch das tun, was du ihnen vorlebst. Und ein charismatischer Leader ist in diesem positiven Geist. Er trägt optimalerweise den Geist Gottes in sich, der diese Power, diese schöpferische Power ausstrahlt.

Sehr treffend in diesem Zusammenhang ist auch die Auffassung von dem Heilpraktiker auf dem Gebiet der Psychotherapie Erik Grösche:

„Wenn wir geboren werden, sind wir eine Person. Ganz und heil. Im Laufe des Lebens legen wir uns Rollen zu, welche wir in verschiedenen Situationen, manchmal auch ständig, spielen. Durch erlebte Traumata und andere wiederholte negative Erfahrungen werden diese noch verstärkt und oft zwanghaft. Wir können nicht mehr anders, wir müssen sie spielen. Und dann verwechseln wir uns mit ihnen. Die eigene Person können wir nicht mehr wahrnehmen, kennen sie nicht mehr. Als charismatisch bezeichnen wir einen Menschen, der guten Kontakt zu seiner wahren, tiefen Person hat, was auch wir wahrnehmen, da sie durch seine Persönlichkeiten hindurchscheint. Er ist also ein Mensch, der frei und adäquat je nach Situation seine Rollen spielen kann – und manchmal gar keine mehr spielen muss, weil er seine Person ganz und gar leben und zeigen kann."

Bewegt haben mich ebenfalls die Worte von dem Clown und Kabarettisten Arno Margraf. Er hat mit „Ansichten eines Clowns" den deutschen Literaturtheaterpreis gewonnen und in seiner Rolle als „Herr Fröhlich" mehrere Kabarett- und Varietépreise. Heute arbeitet er als Therapeut:

„Wozu brauche ich Charisma, ich habe doch mich! Fast trotzig klingt es in mir nach, wenn ich an die vielen Jahre denke, in denen ich dieses verdammte Ding, diese sogenannte Ausstrahlung, so gerne gehabt hätte. Was musste ich in meiner Zeit als Kabarettist und Clown rackern, um die Aufmerksamkeit meiner Zuschauer zu bekommen! Ein Kollege, ein begnadeter Comedy-Mime, der diese Gabe offensichtlich hatte, stellte sich auf die Bühne, bewegte in irrwitziger Art und Weise seinen Zeigefinger – und die Leute waren begeistert, während ich mit immer aufwändigeren, durchaus faszinierenden Ideen, mit Beharrlichkeit und Ehrgeiz bis zur Erschöpfung ackernd, nur fast das Gleiche erreichte. Und heute? Als Therapeut irgendwie angekommen, bin ich endlich am richtigen Platz. Es ist so leicht, obwohl es doch eigentlich viel schwerer sein müsste. Nichts mehr wollen, einfach so sein, wie ich bin. Es ist schon auch anstrengend, nach vielen Sitzungen am Abend bin ich müde, aber zufrieden. Oft fühle ich mich erfüllt, als ob über die Jahre, in der Suche nach dir, du ersehntes Charisma, letztlich in dem Wissen, dich nie zu erreichen, in mir etwas geheilt ist. Und damit scheint sich eine Gabe entwickelt zu haben, die andere Menschen zur Selbstheilung anregt. Und damit verbunden eine innere Dankbarkeit für diese Gnade. Es ist, was es ist, sagt die Liebe! Danke liebes Leben!"

Authentisch sein bedeutet, stets einen eigenen Standpunkt zu haben. Es geht nicht darum, sein Fähnchen nach dem Wind zu hängen. Es geht vielmehr um die Kunst, zu wissen, wann Sie Ihren Standpunkt vertreten, und wann Sie einen Kompromiss eingehen sollten. Die Grundvoraussetzung hierzu ist, dass Sie die Verantwortung für Ihr eigenes Leben übernehmen. Denn wenn an Ihrer Situation immer nur die anderen schuld sind, oder die Umstände das angeblich so erzwingen, sind Sie nicht in der Lage, eigenverantwortlich zu handeln. Sie stehlen sich vielmehr aus der Verantwortung. Dadurch wird eine Veränderung unmöglich.

Sehr gern gebe ich an dieser Stelle die Sätze wieder, die mir mein Freund Volker Rauschert mitgeteilt hat. Er lebt und arbeitet heute in St. Moritz:

„Nach einer von meinem privaten und beruflichen Umfeld akzeptierten Handwerkerkarriere, die ich achtzehn Jahre lang mit all ihren Höhen und Tiefen in Franken gelebt habe, entschloss ich mich, meinem Herzen zu folgen. Einen Weg einzuschlagen, voller Steine, Gräben und Klippen, der damals von vielen belächelt wurde. Doch wenn man in sich hineinhört und dann irgendwann erkennt, wo die Stärken und Schwächen liegen, wird man mit etwas Mut seinen Weg finden. Nur wer seine Berufung erkennt und liebt, seine Talente, Fähigkeiten und Kenntnisse richtig einsetzt, wird Menschen begeistern können. Motivation, Eigenliebe, Selbstbewusstsein, Kritikfähigkeit, Lebenssinn, Durchsetzungsvermögen und Mut sind sehr wichtige Bausteine. Hier im „Garten des Inn" den Menschen meine Liebe für die Natur, die Bewegung und die Berge weiterzugeben, ist meine Passion. Die Grundlage hierfür war, die vorgegebenen und sicheren Wege zu verlassen und meinem eigenen Können zu vertrauen."

Werte

Der Theologe Jürgen Wieczorek hat mir zu seinem Verständnis von Charisma geantwortet:

„Charisma ist eine Gabe, die mir zuteilwird, eine gute Gabe Gottes, die ich nicht „habe" im Sinne von „besitzen", sondern die immer wieder von der Energie des Gebers lebt und – daraus fortwährend gespeist – auflebt. Dieser Energiestrom ist die Gnade, die Gnade Gottes, mit welcher er mich be-gabt! Mein Charisma ist stets auf seine Charis, seine Gnade, bezogen und lebt aus ihr, als meine besondere Ausstrahlung, die Ausstrahlung eines Kindes Gottes, das sich der herrlichen Freiheit seiner Gotteskindschaft (Röm. 8,21, Joh. 1,12) lebensheiter bewusst ist. Die Gabe des Charismas bringt für mich mit sich die Begabung der charismatischen Ausstrahlung und die Aufgabe, diese entsprechend meiner Begabung selbstverantwortlich für die Gemeinde und Gemeinschaft einzusetzen als „für andere leuchtendes Licht auf dem Leuchter" (Mt. 5,14-16) mit lebensfreudigem Herzen und menschenfreundlichem Gesicht, mit empathisch geöffneten Ohren, froher Botschaft auf den Lippen und freigebigen Händen, mit aufrechtem Gang und göttlich mutigem Humor!"

Nicht umsonst leiten sich in der deutschen Sprache die Begriffe „wertvoll" und „wertschätzend" von dem Wort „Wert" ab. Und Sie werden sicherlich von Ihren Mitmenschen nicht als „leuchtendes Licht auf dem Leuchter" angesehen, wenn Ihr Handeln nicht als wertvoll oder wertschätzend beurteilt wird. Werte dienen Ihnen nicht nur in Zeiten schneller wirtschaftlicher und gesellschaftlicher Veränderungen als roter Faden, als Leitlinie für Ihren eigenen Lebensplan oder als Kursgeber bei wichtigen Entscheidungen, sondern ganz besonders auch als Grundlage für Ihr wirkungsvolles Handeln. Aus diesem Grund ist es wichtig, dass Sie sich immer wieder bewusst machen, welche Werte Ihr Handeln und Ihr Denken bestimmen.

Herr Pilsl, sind Werte wichtig für Menschen, die andere führen und leiten möchten?

„Das Wichtigste, was ein Leader mitbringen sollte, ist das, was man ihm abspüren kann, wenn er spricht. Nicht, was du sagst, ist entscheidend, sondern was andere spüren, wenn du sprichst. Spüren sie, dass es authentisch ist, was du sagst? Und ist Liebe darin? Liebst du die Menschen wirklich? Hast du Freude daran, dich mit ihnen zu beschäftigen? Bist du interessiert an anderen, an dem Weg, den sie gegangen sind, an dem Weg, den sie gehen möchten? Wie gütig bist du?

Oder bist du ein ganz strenger Mensch? Strenge Menschen sind nicht attraktiv. Warum soll ich die Nähe eines Menschen suchen, der alles immer kommentieren und kritisieren muss und sehr streng ist im Umgang mit mir? Nein, Güte zeichnet einen Leader aus und vor allem Gnade. Egal wie viele Fehler gemacht werden, du begnadigst die Menschen, und sie spüren die Gnade. Du bist ein gnädiger Mensch.

Und dazu kommt natürlich auch die Konsequenz. Liebe ist konsequent. Liebe heißt nicht, jeder darf tun, was er will; und ich bin einfach dafür, und ich habe nichts dagegen, und ich habe ja alle so lieb. Nein, Liebe ist konsequent, das beginnt schon in der Kindererziehung. Und Liebe ist auch kontinuierlich unterwegs. Nicht: Heute habe ich dich lieb und morgen nicht; oder heute weniger und morgen mehr. Nein, wenn du gefüllt bist mit der Liebe Gottes, dann werden sie spüren, dass du sie liebst, egal wie viel Kraft dir die Umstände in deinem Leben gerade geben.

Ein weiterer wichtiger Punkt ist, dass man zu dem steht, was man sagt, sonst wird man unglaubwürdig. Menschen, bei denen man nie weiß, wo man dran ist, wo man nie weiß: Kann man mit denen wirklich rechnen: Sind die überhaupt berechenbar, verlässlich, zuverlässig? Wenn die Menschen das nicht spüren bei dir, oder wenn du hier eine schlechte Vergangenheit hast, dann kostet dich das eine Menge Attraktivität. Mit jedem nicht gehaltenen Versprechen verlierst du an Attraktivität. Und wenn du an Attraktivität verlierst, verlierst du automatisch auch an Anziehungskraft.

Eine weitere wichtige Sache in Bezug auf Werte für einen Leader ist: Er schafft Rahmenbedingungen. Ein Leader ist ein Atmosphärespezialist. Er hat die Fähigkeit, eine Atmosphäre zu schaffen, die die Leute inspiriert, die sie motiviert, die sie ermutigt. Wo die Menschen gerne hingehen, weil sie wissen, dort gehen sie gestärkt wieder heraus. Selbst wenn sie mit einem langen Gesicht zu dir ins Seminar gehen, sollten sie mit einem lachenden Gesicht wieder herauskommen. Dann haben sie innen etwas erlebt, was ihr Herz zum Hüpfen gebracht hat! Das sind Werte, die ein Leader dringend braucht."

Übung: Nehmen Sie sich bitte einen Augenblick Zeit und machen Sie die folgende Übung: Schreiben Sie in die linke Spalte sieben Werte, die Ihnen wichtig sind. Achten Sie hierbei zunächst nicht auf eine Gewichtung. Anschließend vergleichen Sie alle sieben Werte miteinander. Zuerst den ersten Wert mit dem Zweiten, mit dem Dritten, mit dem Vierten und so weiter. Dann vergleichen Sie den zweiten Wert mit dem Dritten, mit dem Vierten, mit dem Fünften und so weiter. Bei jedem Vergleich zweier Werte machen Sie in die rechte Spalte einen Strich bei dem Wert, der Ihnen im Vergleich von größerer Bedeutung ist.

	Wert	Strichliste
1.		
2.		
3.		
4.		
5.		
6.		
7.		

Durch die Anzahl der Striche in der rechten Spalte ergibt sich eine Gewichtung Ihrer Werte von selbst. Tragen Sie die Reihenfolge Ihrer Werte in die folgende Liste ein. Beachten Sie, dass es möglich ist, dass mehrere Werte gleich viele Striche, und damit eine gleiche Gewichtung haben können. Beispiele für Werte sind: Liebe, Zufriedenheit, Sicherheit, Freiheit, Gesundheit, Treue, Gelassenheit, Zielstrebigkeit, Glaubwürdigkeit, Harmonie, Geduld, Verantwortung, Ausdauer, Ehrlichkeit, Tatkraft, Wertschätzung, Unabhängigkeit, Friede, Demut, Dankbarkeit, Vertrauenswürdigkeit, Geradlinigkeit, Loyalität, Freundlichkeit, Höflichkeit, Optimismus, Begeisterungsfähigkeit, Humor, Mäßigkeit, Toleranz, Mut, Vorstellungskraft, Einsicht, Kreativität, Zuversicht und Achtsamkeit.

Der deutsche Philosoph Arthur Schopenhauer schrieb dazu:

„Denn überhaupt um fremden Wert willig und frei anzuerkennen und gelten zu lassen, muss man eigenen haben."

Meine sieben wichtigsten Werte sind:

Wert

1.

2.

3.

4.

5.

6.

7.

Wenn Sie die Reihenfolge Ihrer Werte kennen, können Sie nun deren Einfluss auf Ihr Handeln in Ihrem Berufs- und Privatleben reflektieren. Beantworten Sie sich hierzu die folgenden drei Fragen:

• Wodurch wird mein Verhalten geprägt?

• Was ist der Inhalt meiner Werte?

• Fließen meine Werte wirklich in mein Handeln ein?

In diesen Zusammenhang passen auch sehr gut die Gedanken der spirituellen Heilerin Ingeborg Hensel:

„Die einen haben dieses „gewisse Etwas", mit dem sie andere berühren, die anderen wirken eher grau und unscheinbar und wollen berührt werden. Charisma bedeutet für mich eine Ausstrahlung, die sich jedoch auf ganz unterschiedliche Weise ausdrücken kann. Es gibt Menschen, die haben die Fähigkeit, uns durch Worte und Gesten zu berühren; andere tun das durch ihre besondere Art zu handeln, wieder andere einfach „nur" durch ihre Präsenz. Immer wird es wohltuend, heilend, motivierend, aufbauend, tröstend oder entlastend erlebt. Kraftvolle Worte und Taten kann man sicher üben und entfalten, aber eben nur dann, wenn schon ein Samenkorn für diese besondere Energie bereits in dem Menschen vorhanden ist. Sonst bleibt alles zwar „gut geübt" und hat bestimmt auch Wirkung – ist aber eben begrenzt! Warum diese Veranlagung in einem Menschen angelegt ist oder nicht, dafür gibt es bestimmt eine ganze Reihe wissenschaftlicher Erklärungen – auch die Genetik spielt dabei eine Rolle. Erklärungen für etwas, was man scheinbar nicht erklären kann, finden sich immer, wenn man lange genug sucht. Für mich persönlich gibt es eine ganz einfache Erklärung für Charisma, die mir genügt: Ich glaube, Charisma ist ein Bonus, der uns vom Göttlichen geschenkt wird. Eine Gnade, die sich unsere Seele über viele „gute" Leben erarbeitet hat. Sozusagen ein Überhang an guten Taten, der wieder zu uns zurückkommt. Charismatische Menschen sind nur dann glaubwürdig und authentisch, wenn sie diese Ruhe, Kraft, Gelassenheit, Liebe, Zugewandtheit, Empathiefähigkeit, Sensibilität und Motivation in sich tragen, und sie in sich selbst fühlen können: Das muss ein Gottesgeschenk sein!"

Die folgende indianische Weisheit regt mich auch immer wieder an, darüber nachzudenken, wie ich mein Handeln beeinflussen kann:

Ein alter und weiser Indianerhäuptling sitzt mit seinem Enkelsohn am Lagerfeuer. Er spricht zu ihm: „Mein lieber Enkel, ich möchte dir eine Weisheit mit auf den Lebensweg geben. Du musst wissen, dass in uns jeden Tag und jede Nacht ein Kampf tobt. Es ist der Kampf zweier Wölfe. Der eine Wolf ist böse. Sein Herz ist voll von Ärger, Wut, Neid, Gier und Sorge. Der andere Wolf ist gut. Sein Herz ist angefüllt mit Liebe, Dankbarkeit, Freude, Güte und Vertrauen." Der Enkel lässt die Worte einen Augenblick auf sich wirken, dann fragt er: „Welcher Wolf wird gewinnen?" Der Häuptling: „Der, den du fütterst. Lerne, beide Wölfe in dir kennen, und dann entscheide dich, welchen Wolf du füttern wirst."

Herr Pilsl, was zerstört die Attraktivität eines Charismatikers?

„Ein Leader, ein charismatischer Mensch, sollte immer frei sein von Zorn und frei von Ärger. Es gibt Menschen, die glauben, sie müssten sich ärgern, und ärgern sich dann, dass alles immer noch „ärger" wird; darum heißt es auch „ärgern". Aber wenn du zornig wirst, zerstörst du mehr, als du schaffen kannst. Nein, ein Charismatiker, ein Menschenspezialist, hat die Fähigkeit, einfach mit den Dingen frei umzugehen. Sich nicht zu ärgern, schnell zu vergeben, ganz schnell zu vergeben, Menschen zu begnadigen – egal, was sie gerade angestellt haben. Er wird nicht zornig, sondern er schaut immer auf den nächsten Schritt. Und er fragt sich: Wie können wir den nächsten Schritt gemeinsam tun, der uns wieder in die Freiheit führt? Und das führt zu besonderer Attraktivität. Und vergiss nicht, Attraktivität macht anziehend."

Empathie

Bei meiner Recherche zu diesem noch recht wenig erforschten Bereich zwischenmenschlicher Beziehungen, stieß ich in der Süddeutschen Zeitung auf einen Artikel, der mich aufmerken ließ. Die Überschrift lautet: „Hartherzige Studenten: Eine amerikanische Studie stellt fest, dass Studenten heutzutage weit weniger Einfühlungsvermögen haben als früher." Der Autor bezieht sich dabei auf eine Studie der Universität Michigan. Die Forscher werteten zweiundsiebzig Einzelstudien aus, die zwischen 1979 und 2009 durchgeführt wurden und etwa vierzehntausend Studenten erfassten. Sie wurden über ihr Einfühlungsvermögen befragt. Die Fragen lauteten beispielsweise: „Versuchen Sie manchmal, ihre Freunde besser zu verstehen?" Oder: „Machen Sie sich häufig Sorgen um Menschen, denen es schlechter geht als ihnen?" Das Ergebnis der Studie ist, dass heute etwa vierzig Prozent der Studenten weniger einfühlsam sind als ihre Kommilitonen vor dreißig Jahren. Die Studenten hätten heute weniger Mitgefühl mit Notleidenden, weniger die Fähigkeit, die Sicht ihrer Mitmenschen aufzunehmen. Die Ursachen hierfür nennen die Forscher jedoch leider nicht.

Auch Alessio Avenanti von der Universität in Bologna führte 2010 eine Studie zum Mitgefühl durch. Hierbei wurden Probanden Filmaufnahmen gezeigt, bei denen Hände unterschiedlicher Hautfarbe entweder mit einer Nadel verletzt oder mit einem Wattestäbchen sanft gestreichelt wurden. Hierbei wurden bei den Probanden Hirnareale aktiv, die für die Emotionen und das Schmerzempfinden zuständig sind. Die gleichen Aufnahmen wurden nun auch einigen Rassisten vorgespielt. Zeigte man ihnen Hände mit einer anderen Hautfarbe als ihrer eigenen, so nahm die Gehirnaktivität ab. Aufgrund ihrer rassistischen Einstellung entwickelten diese Probanden also weniger Mitgefühl für Menschen mit anderer Hautfarbe.

Ein hohes Einfühlungsvermögen ist aber einfach grundlegend, um als charismatisch wahrgenommen zu werden. Denn erst in dem gekonnten Zusammenspiel zwischen Ausstrahlung und Mitgefühl entsteht Charisma.

So hat mir der Mimik-Experte und Entwickler der Mimikresonanz®-Methode Dirk W. Eilert geschrieben:

> „Charisma beinhaltet als wichtige Säule auch Empathie, den Blick für die Gefühle anderer. Denn: Was bringt die beste Wirkung, wenn man nicht merkt, was sie beim Gegenüber auslöst? Nur so ist Charisma möglich, das anhält."

Einfühlungsvermögen sollte jedoch nicht mit Mitleid verwechselt werden. Ein Charismatiker nimmt nicht das ganze Leid der Welt auf seine Schultern und zerfließt dabei in Selbstmitleid. Er hat vielmehr die Fähigkeit wahrzunehmen, wie sich andere fühlen, und er kann die Sichtweise anderer nachvollziehen. So ist er fähig, einfühlsam und verständnisvoll zu kommunizieren und sein Handeln danach auszurichten.

Mein Patenonkel erzählte mir einmal, wie er als Geschäftsführer eines französischen Konzerns eine Krise in seinem Unternehmen abgewendet hat. Sein Verhalten beeindruckte mich sehr. Als er erfahren hatte, dass es in der Produktion erhebliche Probleme gab, legte er spontan seine Krawatte ab, zog sein Sakko aus und krempelte die Ärmel seines Hemdes hoch. Er nahm eine Kiste mit Getränken und ging selbst in die Produktionshalle, um mit den Arbeitern zu sprechen. Und während er sich bei einem Getränk mit den Arbeitern unterhielt, erfuhr er aus erster Hand, wo die Probleme lagen und wie sie sinnvoll behoben werden konnten. Danach ging er in sein Büro, zog wieder seine Krawatte und sein Sakko an, flog noch am selben Tag zur Konzernzentrale und präsentierte seine Lösungsvorschläge.

Bei der Empathie wird zwischen kognitiver und emotionaler Empathie unterschieden. Nehmen wir nur die Gefühle anderer wahr, ohne darauf mit unseren eigenen Gefühlen zu reagieren, so sprechen wir von einer kognitiven Wahrnehmung. Hier verstehen wir nur ganz allgemein die Emotionen des anderen. Bei der emotionalen Empathie nehmen wir darüber hinaus nicht nur die Gefühle der anderen wahr, sondern haben auch die Fähigkeit, ihr Gefühl in uns zu spüren und nachzuempfinden. Wir können mit ihnen fühlen und entsprechend handeln.

Warum, Herr Pilsl, ist Empathie eine wichtige Eigenschaft?

„Empathie ist etwas, was ein Mensch unbedingt braucht, um sich hineinversetzen zu können in die Herausforderungen, die gerade ein anderer Mensch zu bewältigen hat. Er wird so fähig nachzuempfinden, was ein anderer Mensch gerade durchmacht. Empathie bedeutet, bereit zu sein, sein Herz mit dem Herzen des andern zu verbinden. Und Charismatiker, die lernen das, Schritt für Schritt; nicht von heute auf morgen, sondern durch die ständige Arbeit mit Menschen und durch die Liebe, die sie in sich haben. Durch diese Liebe entsteht auch eine gewisse Empathie, eine ständig wachsende Empathie. Ein Charismatiker ist jemand, der die Fähigkeit hat, Menschen dort abzuholen, wo sie sind; in ihrem Frust, ihren Problemen und ihren Herausforderungen; und sie hineinzuführen in ihre gottgegebene Berufung.

Du kannst wirklich von dir behaupten, ein Charismatiker zu sein, wenn du von dir behaupten kannst, dass nicht nur du lebst, sondern Christus in dir. Wenn Gott in dir lebt, dann tust du dich viel leichter im Umgang mit Menschen. Es sei denn, du bist religiös. Religiöse Leute sind wieder sehr streng. Religion hat mit Gott nichts zu tun. Gott ist nicht religiös, Gott ist Liebe. Strenge Menschen werden sich immer schwertun im Umgang mit anderen. Wenn jemand wirklich die Liebe Gottes in sich trägt, dann hat er die Fähigkeit, andere abzuholen aus ihrem Frust und sie hinzuführen in ihre Berufung. Er wird sie durch alle möglichen finsteren Täler führen, wo sie Ermutigung brauchen.

Ein Charismatiker erkennt auch den Charakter anderer Menschen; er ist ein Menschenkenner. Menschenkenntnis ist unglaublich wichtig in der heutigen Zeit. Dass wir rechtzeitig erkennen können: Welche Charakterqualität hat jemand? Hat er ein Charakterfundament? Kannst du die Persönlichkeits-Struktur, die ein Mensch sich über die Jahre aufgebaut hat, rechtzeitig einschätzen? Passt sie zu dem, was wir gemeinsam tun möchten? Du bist vielleicht hunderte Male schon enttäuscht worden und nun misstrauisch. Und daher gehst du mit einem gewissen Misstrauen auf andere zu. Du nennst es zwar „gesundes Misstrauen", aber Misstrauen kann nie gesund sein! Du sagst dir: „Ich bin schon hundert Mal enttäuscht worden." Gut. Aber, was kann denn der Einhundertundeine dafür? Du bestrafst jemanden für die Einhundert, die dieser gar nicht kennt. Das ist nicht besonders weise und auch nicht besonders clever.

Ein Charismatiker weiß, wie Menschen funktionieren; was sie inspiriert, was sie ermutigt, was ihr Herz berührt, was ihr Herz zum Hüpfen bringt. Ein Menschenspezialist hat die Fähigkeit, Menschenherzen zum Hüpfen zu bringen. Und wenn du diese Fähigkeit entwickelt hast, dann brauchst du dir keine Sorgen mehr zu machen. Die Menschen reißt es morgens aus dem Bett, sie freuen sich auf den neuen Tag, und ihr Herz hüpft. Und ein solcher Mensch ist als Leader wertschätzend unterwegs. Er klassifiziert die Menschen nicht nach gewissen Kriterien, sondern er schätzt sie alle in ihrer Einzigartigkeit. Er motiviert sie, er gibt ihnen einen Antrieb für ihre Zukunft. Er hilft ihnen herauszufinden, was sie denn wirklich umtreibt, warum sie auf dieser Erde sind, warum sie gewissenlos handeln. Und er inspiriert sie; das heißt, er erfüllt sie mit einem neuen Geist."

Die Fähigkeit zur Empathie ist angeboren und wird in den Kindheitsjahren wesentlich von Vorbildern und dem persönlichen Umfeld geprägt. Kinder, die Gewalt oder Verachtung erfahren, sind meist nicht in der Lage, ein gesundes Selbstwertgefühl zu entwickeln als Voraussetzung dafür, sich in die Gefühlswelt anderer hineinversetzen zu können.

Sehr interessant sind hierzu die Gedanken von Kerstin Winter-Koch, die eine Kindertagesstätte leitet:

„Charisma ist für mich die Ausstrahlungs- und Anziehungskraft, die jemand hat. Ein charismatischer Mensch betritt den Raum und wird wahrgenommen. Allerdings reicht diese Ausstrahlungskraft nicht, wenn sie nicht gepaart ist mit Intelligenz und Sozialkompetenz. Außerdem ist eine gute Portion Selbstsicherheit nötig. Die Sicherheit zu haben, wichtig zu sein, oder anders: Sich seiner selbst bewusst zu sein. Wer im richtigen Moment die Aufmerksamkeit bekommt, weil er mit Einfühlungsvermögen agiert, und nicht wie ein Clown pausenlos im Mittelpunkt stehen will, hat eine gute Chance als charismatisch wahrgenommen zu werden.

Als Leiterin einer Kindertagesstätte frage ich mich natürlich, wie das bei Kindern ist. Es gibt da Kinder, die werden zu jedem Geburtstag eingeladen, die stehen immer auf der „Ich-mag-dich – Liste". Diese Kinder sind auch dann beliebt, wenn sie gar kein Spielpartner sind oder sein wollen. Was haben diese Kinder? Sie sind nicht überschwänglich, können ihre Gefühle kontrollieren, überzeugen nicht mit Körperkraft, sondern mit Köpfchen, und zeigen emotionale Intelligenz. Sie können sich auch zurückhalten und wollen oft gar nicht im Mittelpunkt sein. Wer im Mittelpunkt stehen will, oder ihn gar einfordert, macht sich auf Dauer unbeliebt und lädt zu Machtkämpfen ein. Die Kinder, die ich als charismatisch bezeichnen würde, sind immer selbstbewusst und können sich einschätzen. Außerdem sind sie meist fröhlich und gut gelaunt. Das können sie ja auch sein, da sie selten Ablehnung erleben."

Achtsamkeit

In der klösterlichen Lebensgemeinschaft des vietnamesischen buddhistischen Mönchs und Zen-Meisters Thich Nhat Hanh wird die hohe Kunst, achtsam in der Gegenwart zu leben, auf eine ganz besondere Art und Weise eingeübt. Mehrmals am Tag ertönt über das gesamte Gelände das Klingeln des Telefons aus dem Büro. Es wird hierzu eigens mit Lautsprechern verstärkt, so dass das Telefonklingeln überall zu hören ist. Viele Menschen, die als Gäste zur inneren Einkehr ins Kloster kommen, empfinden das zunächst als störend. Sie verstehen anfangs nicht die Notwendigkeit, denn das Büro ist stets besetzt und das laute Telefonklingeln dient somit nicht als Hinweis, dass jemand den Anruf entgegennehmen soll. Das Klingeln des Telefons ist vielmehr eine bewusste Übung der Achtsamkeit. Denn niemand kann vorhersagen, wann jemand anrufen wird, und niemand kann vorhersagen, wie oft das Telefon am Tag klingeln wird. Es ist Zufall. Und diesen nicht vorhersehbaren Zufall nutzen die Mönche für ihre Achtsamkeits-Übung. Immer, wenn sie das Telefon klingeln hören, nehmen sie sich einen Augenblick Zeit, richten ihre Aufmerksamkeit ganz bewusst auf ihre Achtsamkeit und stellen sich drei Fragen: Bin ich achtsam mit mir selbst? Achte ich auf die anderen? Achte ich auf das Gemeinwohl?

Für ein charismatisches Auftreten ist diese Achtsamkeit besonders wichtig. Denn ob Sie charismatisch sind, das entscheiden nicht Sie, sondern immer die anderen! Um von anderen als charismatisch wahrgenommen zu werden, sollten Sie Ihren Mitmenschen jederzeit mit Wertschätzung und Achtsamkeit gegenübertreten. Vielleicht ist das auch der Grund, warum manche sagen, dass man Charisma eben hat oder nicht. Denn die Tugend der Achtsamkeit erlernen wir nur in einem langen Lernprozess. Und je achtsamer ein Mensch lebt, je stärker er aus dieser Geistesgegenwart handelt, desto charismatischer wird er wahrgenommen.

So schreibt der Zen- und Bogenlehrer Kurt KyuSei Österle in seinem Buch „Wenn der Bogen zerbrochen ist – dann schieß":

> „Die Kunst, das Leben zu meistern, bedeutet, allem und jedem mit einem tiefen Mitgefühl und hoher Wertschätzung zu begegnen."

Und der Projektleiter Folko Winter hat mir geschrieben:

„Charisma ist für mich eine Mischung von Willensstärke, Wissen und Wertschätzung. Ich denke, dass nur in der richtigen Mischung diese Wesenszüge eine Chance haben, zu einem inneren Charisma zu führen. Willensstärke ohne Wertschätzung führt zu Tyrannei, Willensstärke ohne Wissen führt zu Demagogie, Wissen ohne Wertschätzung führt zu schädlicher Technologie und Wertschätzung ohne Willensstärke und Wissen führt zu seelenloser Gefolgschaft. Die Frage ist, wie diese Eigenschaften gemischt sind, wie sie gewichtet sind, und wie bewusst man damit umgeht."

 Übung: Um die Tugend der Achtsamkeit zu erlernen, möchte ich Ihnen empfehlen, mehrmals in der Woche die Übung der Mönche von Thich Nhat Hanh in Ihren Alltag einfließen zu lassen. Verknüpfen Sie bestimmte akustische Signale in Ihrem Alltag mit der Übung der Achtsamkeit. Richten Sie Ihre Aufmerksamkeit beispielsweise auf das Läuten von Kirchenglocken oder auf das leise Zwitschern der Vögel. Nehmen Sie sich dann einen kurzen Augenblick Zeit und stellen Sie sich die drei grundlegenden Fragen der Achtsamkeit:

• Gehe ich im Augenblick achtsam mit mir selbst um?

• Achte ich im Augenblick achtsam auf die anderen?

• Achte ich im Augenblick das Gemeinwohl?

Das Ziel der Übung ist es, dass Sie immer öfter alle drei Fragen mit Ja beantworten können, ganz unabhängig davon, wie Ihr Tag ist. Das ist eine Kunst, die sicher nicht von heute auf morgen zu erlernen ist, und manchmal berufsbedingt auch grundsätzliche Schwierigkeiten bereitet. Aber es ist eine sehr wichtige Haltung für ein charismatisches Handeln.

Mit einem Schmunzeln möchte ich Ihnen hierzu die folgende Geschichte erzählen:

Ein achtjähriges Kind ist nach der Schule nicht zum Mittagessen nach Hause gekommen. Nach drei Stunden bangen Wartens, vergeblichen Telefonaten und erfolgloser Suche der Eltern, kommt das Mädchen endlich nach Hause. „Wo warst du?", fragt die Mutter besorgt. Das Kind antwortet: „Ich habe eine Schnecke begleitet und ihr geholfen, die Straße zu überqueren, damit sie nicht von einem Auto überfahren wird." Daraufhin fragt die Mutter verwundert: „Aber warum hast du die Schnecke nicht einfach in die Hand genommen und auf der anderen Straßenseite abgesetzt?" „Ich wusste doch nicht genau, wo die Schnecke hinwollte", antwortet das Kind.

Von Thich Nhat Hanh stammt das Zitat:

> „Wenn die Achtsamkeit etwas Schönes berührt, offenbart sie dessen Schönheit. Wenn sie etwas Schmerzvolles berührt, wandelt sie es um und heilt es."

Und der Schauspieler Peter Espeloer schrieb mir in seinen Gedanken zu Charisma:

> „Wenn man sein Tun mit dem größten Maß an Bewusstheit vollzieht, dann kommt Charisma ins Spiel. Das Schälen einer Möhre kann ein Gottesdienst sein. Die Beschäftigung mit solchem „Un-Sinn" schärft die Sinne, macht weit und licht und lässt den Menschen über seinen Körper hinaus leuchten."

Herr Pilsl, was ist die goldene Regel?

„Die goldene Regel ist ganz einfach. Sie steht in der Bibel und heißt: „Was du nicht willst, dass man dir tu, das füg' auch keinem andern zu", oder, positiv formuliert: „Die Art, wie du von anderen behandelt werden möchtest, sollte auch die Art sein, wie du mit anderen Menschen umgehst." Das ist die goldene Regel: Du sollst deinen Nächsten lieben, wie dich selbst. Jesus hat uns nur ein Gebot gegeben und ein zweites angehängt, das die Folge davon ist: „Du sollst den Herrn, deinen Gott lieben mit allem, was du bist; mit allem, was du hast, mit all deiner Kraft und all deinen Gedanken; und deinen Nächsten lieben wie dich selbst." Das ist die Erfüllung des gesamten Gesetzes im Neuen Bund. Das macht die Sache ganz einfach. Ich brauche mir immer nur die Frage zu stellen: Möchte ich, dass man mit mir so umgeht? Möchte ich das erleben? Was möchte ich in einer solchen Lage erleben? Ist es das, was ich anderen Menschen zuteilwerden lasse?

Und was beschreiben Sie in Ihren Seminaren als das „Hirtenherz"?

Der weitere wichtige Punkt ist: Ein Charismatiker, ein Leader, ist ein guter Hirte für seine Herde. Jesus hat gesagt: „Die Menschen sind schwach und arm und krank, weil sie keinen Hirten haben. Betet, dass Gott Hirten in seine Herde sendet." Ein guter Hirte führt die Menschen, die ihm anvertraut sind, auf grüne Auen, zum Ruheplatz am Wasser. Der Psalm 23 sagt das kerzengerade: „Er stillt all mein Verlangen. Es wird euch nichts mangeln. Er führt uns die geraden Wege. Auch durch finstere Schluchten hindurch fürchten wir uns nicht."

Ein guter Hirte denkt immer zuerst an die Schafe, nicht an sich selbst. Ein guter Hirte investiert sich in die Schafe, damit die Schafe in die Fruchtbarkeit kommen, damit die Schafe sich multiplizieren. Ein guter Hirte hat die Schafe nicht der Wolle wegen, so wie manche Unternehmer ihre Mitarbeiter der Wolle wegen haben. Wenn du einen Hirten beurteilen möchtest, ob er ein guter Hirte ist, dann schau dir seine Schafe an.

Wenn du einen Unternehmer beurteilen möchtest, ob er ein guter Unternehmer ist, schau dir seine Mitarbeiter an. Wenn du einen Lehrer beurteilen möchtest, ob er ein guter Lehrer ist, schau dir seine Schüler an. Wenn du einen Vater beurteilen möchtest, ob er ein guter Vater ist, schau dir seine Kinder an. Und dann weißt du ganz genau, wer dieser Mensch ist. Denn er kann immer nur das reproduzieren, was er selber ist."

Gern zitiere ich an dieser Stelle auch die Worte von Sigrid Lutz. Sie ist als Coach und Trainerin tätig und arbeitet häufig mit hochbegabten Kindern und Jugendlichen:

„Charisma ist die angeborene oder auch erlernte Fähigkeit, nachhaltige Eindrücke bei Menschen zu hinterlassen. Charismatische Persönlichkeiten sind wie Leuchttürme, an denen Menschen sich orientieren können. Sie haben die Fähigkeit, andere zu motivieren und wichtige Dinge in Bewegung zu bringen.

Nur wenige Menschen bekommen eine charismatische Ausstrahlung als Gabe in die Wiege gelegt. Von diesen ganz besonderen „Ausnahmen" einmal abgesehen, können Menschen sich Charisma aneignen. Um zu diesem „Leuchtturm" für andere Menschen zu werden, benötigt man bestimmte Fähigkeiten und Fertigkeiten. Dazu gehören für mich unter anderem Achtsamkeit, Wertschätzung, Authentizität, Selbstvertrauen, Selbstmotivation, mentale Strategien, Empathie und Emotionalität. Als Coach erlebe ich es seit vielen Jahren, wie sich Kinder, Jugendliche und Erwachsene durch gezielte, kontinuierliche, gemeinsame Arbeit zu charismatischen Persönlichkeiten und Führungskräften entwickeln. Das macht mich sicher, dass Menschen das Potenzial haben, eine herausragende Position im Leben einzunehmen und sich charismatisch auf vielen Ebenen wirkungsvoll zu engagieren.

Ein Unternehmen mit charismatischen Führungskräften und Mitarbeitern erzeugt einen natürlichen Sog und bietet für Interessenten einen Anziehungspunkt und für Kunden einen hohen Mehrwert. Das ureigene Charisma zu entdecken und nach und nach zu entfalten ist also für jeden Menschen, und auch für jeden Mitarbeiter eines Unternehmens, ein sehr lohnendes Ziel und eine sinnvolle Investition. Jugendliche und junge Menschen können im schulischen und universitären Bereich sowie beim Einstieg in das Berufsleben mit ihrem Charisma punkten. Ausgestattet mit Selbstvertrauen, mentalen Strategien und Achtsamkeit überzeugen sie mit ihrer Persönlichkeit."

Intuition

Intuition war für unsere Vorfahren überlebensnotwendig. Stellen Sie sich einmal vor, wie diese Höhlenmenschen der Steinzeit mit ihren primitiven Waffen plötzlich einem wilden Säbelzahntiger gegenüberstanden. Da war keine Zeit, lange zu überlegen. Es galt, intuitiv zu entscheiden, ob Flucht, Angriff oder Sich-tot-Stellen die beste Überlebenschance bot.

Wie wir Intuition entwickeln, hat die Wissenschaft noch nicht herausgefunden. Es könnte sein, dass der Impuls für eine schnelle Entscheidung im limbischen System unseres Gehirns entsteht. Denn dieses System reagiert sehr schnell. Bis wir in unserer mittlerweile hoch entwickelten Großhirnrinde mit enormen analytischen Fähigkeiten alle Fakten abgewogen haben, um zu einer sachgemäßen Entscheidung zu kommen, hat das limbische System schon längst ein Gefühl entwickelt. Es benötigt dafür nicht länger als 0,2 Sekunden.

Intuition ist für Ihr wirkungsvolles Auftreten sehr wichtig. Wenn Sie beispielsweise eine Rede halten, müssen Sie sich intuitiv auf Ihre Zuhörer einstellen können. Denn es ist ein Unterschied, ob Sie vor Ihrem Freundeskreis sprechen oder vor einem Fachpublikum.

Die Gedanken des Musikers Maik Baum beschreiben anschaulich und eindrucksvoll, wie wichtig es ist, ein gutes Gespür zu haben, um beim Publikum eine Wirkung zu erzielen:

> „Ein charismatisches Auftreten ist für mich wie ein Schlüssel-Schloss-System. Jedes Publikum hat ein bestimmtes Schloss, das einen maßgeschneiderten Schlüssel braucht, um eine möglichst hohe Wirkung zu erzielen. Das heißt, zuerst muss ich das Schloss ausprobieren, also mein Publikum kennenlernen. Dafür ist meine Empathiefähigkeit

gefragt. Damit der Schlüssel, also meine Präsenz, passt, ist es wichtig, dass ich mein Auftreten, meine Person und das ganze Programm an das Schloss anpassen kann.

Dann ist es von größter Wichtigkeit, dass mein Schlüssel einen authentischen Wiedererkennungswert hat. Charisma auf der Bühne ist also ein Trio aus Empathie, Präsenz und Authentizität. Daraus ergibt sich die Wirkung, die beim Publikum ankommt. Diese Wirkung bestimmt den gesamten Erfolg oder Misserfolg meines Auftritts.

Vor einem Auftritt überlege ich mir also genau: Wer ist mein Publikum? Was gefällt Ihnen und was nicht? Wie kann ich meinen Auftritt so strukturieren, dass ich zum einen mir und meinem Stil treu bleibe, mich aber dennoch meinem Publikum anpasse? Was muss ich eventuell während des Auftrittes anpassen, um meine Wirkung zu erhöhen? In Verbindung mit Charisma wird den meisten Leuten nur die Präsenz im Gedächtnis bleiben. Doch eine Präsenz ohne Authentizität und Empathie wird nach wenigen Momenten verpuffen. Deshalb braucht es für ein passendes Schlüssel-Schloss-System und für eine maximal charismatische Wirkung alle drei Faktoren: Präsenz, Empathie und Authentizität."

Auch die Redakteurin Dagmar Schweickert schreibt in ihrer Einleitung zu Charisma, wie wichtig für sie die Intuition in ihrer Arbeit ist:

„Als Journalistin habe ich fast täglich mit ganz unterschiedlichen Menschen zu tun, die ich schnell einschätzen muss, um mich so gut wie möglich auf sie einzustellen. In meinen Gesprächen, Interviews, Telefonaten und persönlichen Begegnungen ist das einer der wichtigsten

Bausteine, um „den richtigen Ton" zu finden und schnell eine Vertrauensbasis zu schaffen, die notwendig ist, um interessante und lebendige Informationen zu bekommen. Im Laufe meines Berufslebens bin ich dabei immer wieder Menschen begegnet, die das haben, was man als Charisma bezeichnet.

Was ist Charisma für mich? Charisma ist für mich zunächst einmal grundsätzlich positiv, ich kenne niemanden, der negatives Charisma hat. Charisma hat überhaupt nichts mit Äußerlichkeiten zu tun. Gutes Aussehen, gepflegte Kleidung, ein angenehmes, in sich stimmiges Gesamtbild helfen natürlich dabei, zunächst einen positiven Eindruck zu machen oder auch Charisma zu unterstreichen. Aber der Kern von Charisma ist für mich etwas, das aus der Seele des Menschen zu kommen scheint. Eine Ausstrahlung von Wärme, Zugewandtheit und offenem Interesse. Eine Mischung aus Optimismus, Charme und Überzeugungskraft. So richtig zu fassen ist Charisma nicht, manche Menschen haben es einfach.

Kann man Charisma lernen? Ich denke, man kann es bis zu einem gewissen Grad, wenn man offen ist, andere Menschen zu beobachten und von ihnen zu lernen, ohne sie zu kopieren. Reflektion ist ein ganz wichtiger Punkt dabei: Was hat jener Mensch, das so positiv wirkt, auf andere? Kann ich diese Eigenschaft leicht übernehmen, ohne gekünstelt zu wirken?

Beispiele für charismatisches Auftreten zu finden, ist ebenfalls nicht einfach, denn vieles ist einfach eine Art Komposition, aber ich versuche, einige Komponenten zu finden: Ruhe, zuhören, offener, freundlicher Blick, eine sonore Stimme, keine Hektik, nichts, was Stress vermittelt, einnehmende Gesten, die nicht aufdringlich wirken, ein fester Händedruck, vielleicht eine Hand auf der Schulter, wenn es angebracht ist, vor allem aber etwas „Lachendes": Lachende Augen, ein verschmitztes Lächeln, aber auch Eloquenz: Wortwitz, Humor, Schlagfertigkeit und schließlich die emotionale Intelligenz, andere Menschen niemals bloßzustellen, ihnen niemals zu vermitteln, dass man auf sie herabsieht, dass man besser, klüger, mächtiger ist – obwohl man genau das vielleicht eben durch sein Charisma vermittelt. Ich habe Minister erlebt, die unglaublich arrogant wirkten, ihr Herrschaftswissen stets selber bestätigten und dadurch nicht nur unsympathisch, sondern sogar unsicher wirkten. Und dann wieder Professoren, Koryphäen ihres Fachs, die es verstanden, einen sofort „abzuholen", mein fehlendes Wissen unauffällig zu ergänzen, ohne mich zu blamieren.

Charisma, zusammengefasst, ist für mich eine Ausstrahlung der intelligenten Zurückhaltung, der charmanten aber unaufdringlichen Kommunikation und beruhigender, beschützender oder Sicherheit vermittelnder Gesten. Wenn dies zusammentrifft, hat man es – dieses Charisma, das einen auf ziemlich unbeschreibliche Weise umgibt, und das dafür sorgt, dass man die Aufmerksamkeit der Menschen auf sich zieht, indem man einfach nur erscheint."

Intuition bedeutet für mich darüber hinaus auch ein Gespür zu haben, wann ich im Alltag mit besonderer Herzlichkeit auf einen Menschen zugehen sollte.

Im vergangenen Sommer machte ich einen Stadtbummel und setzte mich vor einer Kirche auf eine Bank. Bald hörte ich eine wunderschöne Orgelmusik und lauschte ihr gebannt. Als später der Organist mit seinen Notenblättern unter dem Arm aus der Kirche kam, ging ich auf ihn zu und sagte ihm, ich hätte sein Orgelspiel sehr genossen und wolle mich bei ihm dafür bedanken. Der Organist war zuerst verwundert, doch dann erstrahlte in seinem Gesicht ein herzliches Lächeln, und er freute sich über meine Wertschätzung. Und ich freute mich ebenfalls, dass es mir so einfach gelungen war, ihm meine Wertschätzung auszudrücken.

In Ihren Vorträgen sprechen Sie, Herr Pilsl, oft von der Drei-H-Regel. Worum geht es da?

„Gott gab uns diese drei H's: Er gab uns ein Hirn, um es einzusetzen, er gab uns ein Herz, um unser Wissen richtig einzusetzen, und er gab uns Hände, um anderen Menschen zu helfen. Im Hirn sind unsere Software-Programme gespeichert, unser Know-how, unser Wissen. Im Herzen ist unser Betriebssystem. Wes' Geistes Kind bist du? Was hast du für ein Betriebssystem implementiert?

Von der richtigen Verbindung zwischen Hirn und Herz ist dann auch abhängig, was du mit deiner Hand machst, was andere davon haben, dass es dich gibt. Wichtig dabei ist immer, dass du den Menschen Wertschätzung und Anerkennung gibst. Menschen sehnen sich nach Wertschätzung. Sie sehnen sich nach Anerkennung. Gib den Menschen Hoffnung für eine bessere Zukunft, egal was heute ist, wie es heute ausschaut, egal wie viele Pläne du derzeit hast, egal wie vielen Herausforderungen du gegenüberstehst. Die Menschen, die dir heute begegnen, brauchen Hoffnung, genau wie du sie brauchst. Gib ihnen

Hoffnung, und diese Hoffnung kommt auf dich zurück. Und was der Mensch sät, das wird er ernten. Sprich immer zuerst über die Bedürfnisse der anderen. Was haben sie davon, dass es dich gibt? Und dann erfüllen sich deine Wünsche von selbst. Denn je mehr andere etwas davon haben, dass es dich gibt, umso mehr suchen sie deine Nähe. Und dann beginnen die Kunden dir nachzulaufen, und deine Wünsche erfüllen sich.

Und du darfst eines nicht vergessen: Es gibt sehr viele Ent-Mutiger in unserer Gesellschaft. Und je mehr ein Mensch entmutigt wurde von seinen Eltern, von seinen Tanten und Onkeln, von seinen Geschwistern und Freunden; umso mutloser wird er. Und wenn du immer ärmer wirst an Mut, dann ist Arm-Mut die automatische Folge. Daher musst du die Menschen ermutigen. Armut heißt sonst: Du bist nicht mutig genug, die Dinge zu tun, die du tun könntest, daher lebst du auch nicht, wie du leben könntest, wenn du sie tun würdest. Die Menschen brauchen Ermutigung von ihrem Leader, von ihrem Hirten. Ermutigung, denn entmutigt werden sie sowieso jeden Tag aus allen möglichen Richtungen."

DIE ZWEITE GABE:
SELBSTBEWUSSTSEIN AUSSTRAHLEN

Beispiel Steffi Graf

Ich kenne nur wenige Stars, die trotz allem Erfolg, Ruhm und Geld so geerdet geblieben sind wie die Tennisspielerin Steffi Graf. Sie ist für mich der Inbegriff für Selbstbewusstsein im Sinne von Über-sich selbst-Bescheid-Wissen. Auf der einen Seite bewundere ich den Gewinn von 22 Grand-Slam-Turnieren und des Golden Slam. Was für eine Willenskraft, was für ein mentales Selbstvertrauen war dafür wohl nötig! Auf der anderen Seite bewundere ich ihr Selbstbewusstsein. Denn Steffi Graf war ein Wunderkind. Von ihrem Vater wurde sie so früh gefördert, dass sie bereits mit sieben Jahren ihre ersten Turniere gewann. Steffi Graf stand als Tennisspielerin immer im Mittelpunkt des Interesses und war so manchem Pressewirbel ausgesetzt. Doch sie blieb sich immer treu und verfiel nicht den vielen Versuchungen des Ruhmes. Das zeigte sich bei dem Steuerskandal um ihre Einnahmen. Sie wurden von ihrem Vater verwaltet, und sie konnte glaubhaft ihre Unschuld versichern. Steffi Graf zieht mit der betonten Einfachheit ihrer Persönlichkeit die Menschen in ihren Bann. Und gerade auch nach ihrer Karriere nehme ich Steffi Graf in den Interviews immer wieder als eine große, geerdete und sich selbst reflektierende Persönlichkeit wahr. Ich bewundere, wie Steffi Graf von der Rolle einer der erfolgreichsten Tennisspielerinnen der Welt sehr bewusst wechseln konnte in die Rolle der liebevollen Mutter zweier Kinder und in die Rolle der Vorsitzenden der wohltätigen Stiftung „Children for Tomorrow", die sich um traumatisierte Kinder in der ganzen Welt kümmert. 2007 wurde ihr ein ganz besonderer Preis überreicht. Steffi Graf erhielt den Deutschen Medienpreis für authentisches soziales Engagement.

Herr Pilsl, wie definieren Sie Selbstbewusstsein?

„Grundsätzlich heißt Selbstbewusstsein: Ich selbst bin mir bewusst, was mein Sein ist; wer ich bin und warum ich auf dieser Erde bin. Die zwei wichtigsten Tage im menschlichen Leben sind der Tag, an dem du geboren wurdest, und der Tag, an dem du herausgefunden hast, warum. Warum bin ich auf dieser Erde? Bist du dir dessen bewusst? Weißt du, warum du auf dieser Erde bist? Dann hast du Selbstbewusstsein. Ein guter Leader hat dieses Selbstbewusstsein. Er weiß, warum er auf dieser Erde ist. Und er weiß, warum er gerade jene Menschen führt, die ihm derzeit anvertraut sind."

Die innere Einstellung

Unsere innere Einstellung wird bestimmt von dem, was bisher unser Leben geprägt hat. Aus diesen Prägungen entstehen positive oder negative Glaubenssätze. Und gerade die negativen Glaubenssätze haben einen großen Einfluss auf Ihr Verhalten und damit auch auf Ihr Selbstbewusstsein. Negative Glaubenssätze können durch Eltern, Verwandte oder falsche Freunde geprägt werden, oder durch negative Erfahrungen in Schule, Ausbildung oder Studium entstanden sein. Hier einige Beispiele für negative Glaubenssätze:

- Das schaffst du doch nie!
- Was glaubst du denn, wer du bist?
- Du hast eben kein Talent!
- Andere sind darin viel besser!
- Nimm Dich nicht so wichtig!

- Deine Leistung ist keinen Cent wert!

- Du genügst nicht!

Die folgende Fabel von den Fröschen und den Enten macht deutlich, was passieren kann, wenn Sie solchen Aussagen Gehör schenken:

Eines Tages entschieden sich die Frösche, einen Wettkampf zu veranstalten. Um es besonders schwierig zu machen, legten sie als Ziel die Spitze eines Aussichtsturmes fest. Am Tag des Wettkampfs versammelten sich die Enten, um den Fröschen zuzusehen. Natürlich glaubte keine der Enten daran, dass auch nur ein einziger Frosch das Ziel erreichen würde. Statt die Frösche anzufeuern, schnatterten sie daher und riefen: „O je, die Armen! Sie werden es nie schaffen! Das ist einfach unmöglich!" Und wirklich schien es so, als sollten die Enten Recht behalten. Denn nach und nach gaben immer mehr Frösche auf. Die Enten schnatterten weiter und riefen: „O je, die Armen! Sie werden es nie schaffen!" Und bald gaben alle Frösche auf. Alle, bis auf einen, der unverdrossen weiter auf den hohen Turm kletterte und als einziger das Ziel erreichte. Die Enten waren vollkommen überrascht. Als der Frosch wieder unten war, kamen sie und wollten wissen, wie er das geschafft hätte. Doch der Frosch gab ihnen keine Antwort. Die Enten fragten ihn immer und immer wieder: „Wie konntest du gewinnen?" Doch der Frosch antwortete nicht. Da merkten die Enten, dass er taub war!

 **Übung:** Das Ziel der folgenden Übung ist es, negative Glaubenssätze aufzubrechen und in positive umzuwandeln. Damit Sie herausfinden können, ob auch in Ihnen womöglich ein negativer Glaubenssatz schlummert, ist die folgende Liste als Anregung sicher hilfreich. Streichen Sie alle negativen Glaubenssätze durch, die für Sie nicht zutreffen:

Beispiele für negative Glaubenssätze

- Ich genüge nicht

- Ich muss mich schämen

- Ich bin hässlich

- Meine Tätigkeit ist nutzlos

- Ich verdiene keine Liebe

- Ich kann mich nicht mitteilen

- Ich bin ein schlechter Mensch

- Ich habe kein Talent

- Ich bin nicht spontan

- Ich kann nicht erfolgreich sein

- Ich bin dumm

- Meine Mitmenschen verstehen mich nicht

- Mein Handeln ist wertlos

- Ich kann mir nicht trauen

- Ich bin nicht kreativ

- Ich bin schwach

- Ich enttäusche meine Mitmenschen

- Ich bin nicht wichtig

- Ich bin ein Versager

- Ich habe oft Schuld

- Ich kann andere nicht begeistern

- Ich habe keine Kontrolle

- Ich bin hilflos

- Ich kann keine Anweisungen geben
- Ich urteile immer falsch
- Mein Wissen reicht nicht aus
- Andere sind viel besser
- Ich verdiene, dass es mir schlecht geht
- Ich habe Angst, Fehler zu machen
- Was ich will, kann ich nicht erreichen

Haben Sie einen negativen Glaubenssatz aufgespürt? Welche Auswirkung hat das auf Ihr Verhalten? Nehmen Sie sich einen Moment Zeit und denken Sie darüber nach, was das Ergebnis für Sie bedeutet.

Wenn Sie einen negativen Glaubenssatz aufgespürt haben, dann sollten Sie ihn in einen positiven Glaubenssatz umwandeln. So verwandeln Sie die negative Energie in ein positives Potenzial. Hierbei ist es sinnvoll, einen negativen Glaubenssatz durch mindestens zwei positive Glaubenssätze zu ersetzen. So geben Sie der positiven Energie mehr Raum.

Beispiele für positive Glaubenssätze

- Ich bin gut
- Ich bin erfolgreich
- Ich bin attraktiv
- Ich bin wertvoll
- Ich werde gebraucht
- Ich bin liebenswert

- Ich bin ein guter Mensch
- Ich werde jeden Tag besser
- Ich kann andere motivieren
- Ich bin talentiert
- Ich habe wunderbare Ideen
- Ich verfüge über ein immer größer werdendes Wissen
- Ich kann ausdrucksstark sprechen
- Ich habe besondere Fähigkeiten
- Ich werde geschätzt
- Ich bin selbstsicher
- Ich kann mir vertrauen
- Ich gebe klare Anweisungen
- Ich bin kreativ
- Ich bin mutig
- Ich urteile richtig
- Ich bin spontan
- Ich schaffe es
- Ich darf Ich selbst sein
- Ich gebe mein Bestes
- Ich bin inspirierend
- Ich habe die Kontrolle
- Ich bin selbst meines Glückes Schmied
- Ich verdiene es, dass es mir gut geht
- Ich erreiche meine Ziele

Von Ihrem negativen Glaubenssatz sollten Sie sich für immer verabschieden. Schießen Sie diesen symbolisch auf den Mond oder versenken Sie ihn im Meer. Ein schönes Ritual ist es auch, den negativen Glaubenssatz auf ein Blatt Papier zu schreiben, das Papier in Tausend Schnipsel zu zerreißen, und sie dann zu verbrennen.

Herr Pilsl, wie sollte ein Leader mit Problemen umgehen?

„Ein guter Leader ist nicht frei von Problemen. Er hat jede Menge Probleme in seinem eigenen Leben. Ein ganz wichtiger Punkt ist, dass wir als Leader lernen, die Probleme, die sich vor uns auftürmen, einfach auszuhungern. Dass wir sie nicht nähren mit unseren Gedanken und Worten. Ein guter Leader hat gelernt, die Chancen zu nähren. Die Chancen zu ernähren, zu füttern. Und dann wird er immer größere Chancen vorfinden. Denn das, was du fütterst, ist das, was deine Nähe sucht.

Ein guter Leader ist ein Problemlöser, kein Problemmacher. Leider gibt es Menschen, die sich Leader nennen, die machen mehr Probleme als sie lösen. Nein, wir sind Problemlöser, keine Problemmacher! Wir alle haben eine Vergangenheit, wir alle haben viele Fehler gemacht in der Vergangenheit, viel Mist gebaut. Aber wir haben auch gelernt, aus dem Mist der Vergangenheit den Dünger für die Zukunft zu machen; um vielen Menschen beim Düngen zu helfen, damit sie in die Blüte kommen. Wir arbeiten als Leader jeden Tag an uns. Wir ändern nicht die anderen, wir ändern uns. Und weil wir uns ändern, ändert sich unser Umfeld automatisch. Wir strahlen positive Energie aus, Power, Freude und Liebe. Wir leben ein ausgeglichenes Leben, und unsere Art zu leben ist ein Vorbild für andere. Wenn du das von dir wirklich sagen kannst, dann wirst du sehr schnell feststellen, dass die Menschen, die deine Nähe suchen und von dir geführt werden möchten, immer mehr werden."

Übung: Um Ihre innere Einstellung weiter zu stärken, gibt es die wunderbare Übung mit dem Spiegelbild. Nehmen Sie sich in einem Spiegel bewusst wahr. Lächeln Sie sich an, zwinkern Sie sich freundlich mit den Augen zu und sagen Sie zu sich selbst: „Ich bin okay, und es ist gut, wie ich bin!" Es mag Ihnen am Anfang ungewohnt vorkommen, so positiv über sich selbst zu denken. Denn wir sind es gewohnt, eher auf unsere negativen Seiten zu achten. Mit dieser Übung lenken Sie Ihre Aufmerksamkeit auf Ihre positiven Eigenschaften und Sie stärken bewusst Ihr Selbstwertgefühl.

Diese Übung können Sie in Ihrem Tagesablauf mehrmals wiederholen, selbst dann, wenn Sie Ihr Spiegelbild in einem Schaufenster sehen oder im Rückspiegel eines Autos. So einfach diese Übung scheinen mag, so wirkungsvoll ist sie. Denn wenn Sie zu Ihrem eigenen Spiegelbild nicht sagen können: „Ich bin okay, und es ist gut, wie ich bin!" Wie wollen Sie dann andere von sich überzeugen? Lebenslang entwickeln wir uns immer weiter. Aber nur, wenn Sie sich dabei täglich selbst akzeptieren können, können Sie auch andere von sich überzeugen. Viele Schauspieler machen die Übung in ihrer Garderobe vor dem Auftritt. Sie schauen sich beim Schminken ihr Spiegelbild an und sagen zu sich den Satz: „Ich bin okay und ich bin glaubwürdig in dieser Rolle!" So stärken Sie bewusst Ihr Selbstwertgefühl, um anschließend auf der Bühne ihr Publikum fesseln zu können.

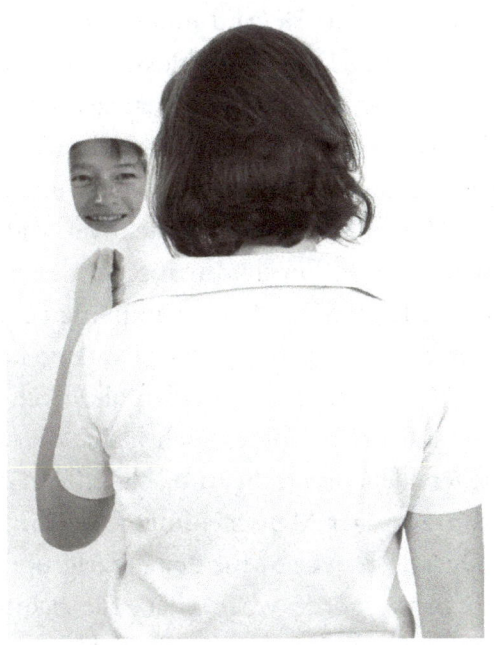

Die Übung mit dem Spiegelbild

Albert Einstein sagte einmal sehr treffend:

„Jeder ist ein Genie. Aber wenn du einen Fisch danach bewertest, ob er auf einen Baum klettern kann, dann lebt er sein ganzes Leben in dem Glauben, er wäre dumm."

In Ihren Vorträgen, Herr Pilsl, sprechen Sie oft über Menschenfurcht. Was meinen Sie damit?

„Menschenfurcht ist, wenn ein Mensch Angst davor hat, was andere über ihn denken oder über ihn reden. Er traut sich nicht, auf andere zuzugehen, hat Minderwertigkeitskomplexe, weil er immer meint, andere mögen ihn vielleicht nicht. Das ist nicht gut für einen Leader. Das hat mit Charisma wenig zu tun. Charismatische Leader haben keine Menschenfurcht. Sie sind mutig, und durch diesen Mut gehen sie auf die Dinge entschlossen zu. Sie sind keine Zweifler, die ständig hin- und -her überlegen müssen, keine „Drei-fler" oder „Vier-fler", weil sie so viele verschiedene Möglichkeiten sehen, aber dann nicht den Mut aufbringen, klare Entscheidungen zu treffen. Effektive Leader treffen klare Entscheidungen. Ein charismatischer Leader versucht auch nicht, anderen Menschen zu imponieren. Wir sind nicht auf der Erde, um zu imponieren, wir sind hier, um zu inspirieren. Wir brauchen nicht allen alles recht machen. Das ist das, was Leute immens schwächt, die versuchen, immer wieder allen alles recht zu machen. Und das ist ein Zeichen von extremer Menschenfurcht. Du brauchst einfach nur Du selbst zu sein, für deine Zielgruppe einfach nur Du zu sein. Und du wirst sehen, die richtigen Menschen suchen zur richtigen Zeit deine Nähe.

Schau, dass es immer in dir brennt, dass die Vision in dir brennt. Und wenn es in dir brennt, dann kannst du andere Menschen entzünden. Und wenn du andere Menschen entzündest, dann werden diese Menschen wieder weitere Menschen entzünden, und das Feuer wird sich ausbreiten."

Sehr beeindruckt haben mich auch die Worte von der Studentin Tatiana Panfilova:

„Was ist Charisma? Ich habe keine Ahnung, obwohl viele Menschen sagen, dass sie mich charismatisch finden. Ich bin Russin, oder Sibirierin, wie ich gerne betone. Ich bin nicht besonders hübsch, meine Zähne sind zum Beispiel nicht gerade, ich könnte mit meiner geringen Körpergröße ein bisschen abnehmen, ich habe kein Auto und keinen Freund. Und trotz allem höre ich immer wieder von wirklich ganz wunderbaren Menschen hier in Deutschland: „Du hast was!", „Du bist so einzigartig!" oder „Du hast diese Anziehungskraft!" Ich vermute, dass Charisma wirklich etwas mit Einzigartigkeit zu tun hat. Charisma ist etwas Spezielles und etwas Besonderes und man kann es nicht überall bekommen. Das ist vielleicht so eine spezielle Art, seine Gedanken zu äußern; die Art, wie du dich mit Menschen unterhältst, was und wie du etwas sagst. Es hat nichts mit dem Äußeren zu tun. Man kann einen Kartoffelsack als Kleidung tragen und trotzdem charismatisch bleiben. Unsere Interessen machen uns charismatisch, sie füllen uns mit Gewissenhaftigkeit und Kreativität und machen uns für andere attraktiv und besonders. Ein Mensch ohne Charisma ist wie eine Suppe ohne Salz und Pfeffer. Sie kann zwar lecker sein, aber nie charismatisch. Ich spreche zum Beispiel sechs Sprachen und eine davon ist Chinesisch, ich male in Ölfarben und mache Gartenlaternen. Ich bin mit dreiundzwanzig Jahren alleine nach Deutschland ohne Geld gekommen. Macht mich das vielleicht attraktiv für mein Umfeld? Aber ich glaube nicht, dass wir alle sechs Sprachen lernen sollen, um stolze Besitzer von Charisma zu sein. Ich glaube, man muss immer bei sich bleiben und ganz klar verstehen, wer man ist. Egal, was die anderen von uns denken, man muss zuerst auf sich selbst hören und sich ganz einzigartig finden. Und ich glaube wirklich, dass alle Menschen einzigartig sind. Jeder von uns hat ein Talent, und was für ein Talent du hast, kannst nur du herausfinden. Vielleicht ist es das Reiten? Oder Fußball? Oder bist du eine tolle Mutter oder ein toller Vater? Oder hast du ein großes Herz? Du entscheidest, wer du bist, und du entscheidest, ob dich andere charismatisch wahrnehmen. Bau dich selbst auf!"

Vom Umgang mit ungewohnten Situationen

Lebhaft kann ich mich noch an meinen ersten Soloauftritt als Schauspieler erinnern. Bei den Auftritten zuvor stand ich immer mit einem Ensemble auf der Bühne. Dies gab mir ein sicheres Gefühl, und mein Lampenfieber war gering. Nun aber stand ich mit einem Soloprogramm ganz allein auf der Bühne. Das war für mich neu und machte mich nervös. Ich spielte einen skurrilen Zauberer. Gleich zu Beginn formte ich aus einer Zeitung einen Trichter, in den ich scheinbar einen Krug mit Wasser schüttete. Was in den Proben kein Problem war, war bei der Premiere fast ein Desaster: Meine Hände zitterten vor Aufregung so sehr, dass ich Mühe hatte, die Zeitung zu einem Trichter zu formen. Als ich dann den Zeitungstrichter in meiner linken ausgestreckten Hand hielt, übertrug sich das Zittern meiner Hand auf das Zeitungspapier! Mein Lampenfieber wurde für alle Zuschauer sichtbar!

Nun müssen wir nicht alle auf einer Bühne stehen, aber Auftritte ziehen sich immer mehr durch unser Privat- und Berufsleben, sei es bei einem wichtigen Gespräch im kleinen Kreis oder bei einer bedeutenden Präsentation vor großem Publikum.

Grundsätzlich ist Lampenfieber eine Reaktion des Körpers auf eine Stresssituation. Die Nebennierenrinde schüttet eine große Menge an Stresshormonen aus. Es sind die Hormone Noradrenalin und Adrenalin. Für unsere Vorfahren war dies überlebensnotwendig. Denn wenn sie einem wilden Tier gegenüberstanden, waren genau diese Stresshormone entscheidend für ihr Überleben. Das Gehirn wurde ausgeschaltet, und alle zur Verfügung stehende Energie wurde auf Flucht oder Angriff ausgerichtet. In dieser Lage war es nicht sinnvoll, über das schöne und weiche Fell eines Säbelzahntigers nachzudenken, man musste entweder so schnell wie möglich fliehen, oder sich mit einer Waffe dem Tier entgegenstellen. Beide Reaktionen benötigen wir in unserer heutigen Welt eigentlich nicht mehr. Wer steht schon in der Steppe einem Tiger gegenüber? Daher ist diese körperliche Reaktion heute für uns nicht mehr von Bedeutung. Aber das Reaktionsmuster ist immer noch in unserem Körper gespeichert und wird bei Stress automatisch ausgelöst.

Eine andere Überlebensstrategie war die Schockstarre, bei der man sich totstellte. Denn Raubtiere reagieren auf Bewegungen. Heute ist diese Reaktion gleichzusetzen mit dem sogenannten Black-out.

Im Laufe meiner Berufsjahre als Schauspieler habe ich gelernt, mit dem Lampenfieber positiv umzugehen. Dabei wurde mir klar, dass Lampenfieber in einem gewissen Umfang auch wichtig ist! Denn durch das Lampenfieber wird etwas Adrenalin in unseren Körper ausgeschüttet. Daher sind wir in einer ungewohnten und neuen Situation hellwach und konzentriert. Das Adrenalin putscht uns auf, und wir können dadurch Höchstleistungen vollbringen. Daher ist das Ziel, eine gesunde Balance herzustellen: So viel Lampenfieber wie nötig, so wenig wie möglich.

Seien Sie deshalb froh, dass Sie in einem gewissen Maß Lampenfieber haben und beherzigen Sie die Aussage von Samy Davis
Junior:

> „Ein Auftritt ohne Lampenfieber ist wie eine Liebe ohne
> Gefühl."

Neben den physischen Reaktionen hat das Lampenfieber auch
seine psychischen Ursachen: Die Angst, Fehler zu machen oder sich
zu blamieren. Darin liegt die größte Chance, das Lampenfieber zu
verringern. Nutzen Sie diese Chance! Niemand ist ohne Fehler. Nur
auf Grund von Fehlern haben wir die Chance, uns weiterzuentwickeln. Mit dieser inneren Einstellung können Sie schon auf der
ganz rationalen Ebene das Lampenfieber erheblich senken.

An der Fortbildungsakademie des Ministeriums für Inneres und
Kommunales des Landes Nordrhein-Westfalen gebe ich seit vielen Jahren das Seminar „Selbstbewusst und charismatisch auftreten – Lampenfieber als Erfolgsressource". Zu Beginn mache ich
mit den Teilnehmern stets die folgende Übung:

Übung: Stellen Sie sich ein kleines Kind vor, das gerade
Laufen lernt. Es richtet sich auf, geht zwei Schritte, fällt
auf den Boden, richtet sich wieder auf, geht vier Schritte,
macht wieder einen Fehler und fällt wieder zu Boden.
Aber es steht immer wieder auf. Es entschließt sich,
seine Angst, Fehler zu machen, zu überwinden, denn
es will laufen und das restliche Leben nicht nur herum-
krabbeln. Das Kind gesteht sich Fehler in seinem Lernprozess zu. Nur wer sich erlaubt, Fehler zu machen, sich
diese eingesteht und daraus lernt, kann sich im Leben
weiterentwickeln.

Von Thomas J. Watson, dem Gründer von IBM, stammt das Zitat:

„Wer Erfolg haben will, muss die Zahl seiner Fehler verdoppeln."

Lassen Sie diesen Satz einen Moment auf sich wirken.

Machen Sie sich klar, dass das Leben ein Prozess mit ständiger Weiterentwicklung ist.

Gerade in ungewohnten und neuen Situationen können wir Fehler machen. Wie sollten wir, Herr Pilsl, als Leader mit Fehlern umgehen?

„Charismatische Leader scheuen sich nicht davor, Fehler zu machen, und sie scheuen sich auch überhaupt nicht davor, Fehler zuzugeben. Denn ein Fehler, der passiert, ist eine Erfahrung, die noch gefehlt hat. Und ich muss diese Erfahrung noch machen, damit ich den nächsten Schritt gehen kann. Mist bauen ist eine sehr wichtige Sache. Denn nur, wenn du Mist gebaut hast, kann Gott daraus Dünger machen für deine Zukunft. Aber wenn du keinen Mist gebaut hast, wie sollst du da einen Rohstoff haben, aus dem Gott Dünger produzieren kann? Und wenn du keinen Dünger hast, um andere Menschen zum Blühen zu bringen, dann bist du auch nicht besonders attraktiv.

Wir müssen ständig bereit sein, dazuzulernen. Fehler machen, daraus lernen, den nächsten Schritt tun. Und in diesem Tun wachsen wir, wir wachsen als Leader und die Menschen um uns herum wachsen. Wir werden immer authentischer, weil wir keine Angst mehr davor haben, zuzugeben, dass wir Fehler gemacht haben, Mist gebaut haben. Das ist eigentlich ein großer Wert für die zweite Lebenshälfte. Nutze jede Gelegenheit zum Dazulernen. Gehe den Herausforderungen nicht aus dem Weg. Sei risikofreudig, lerne immer besser, mit dem Risiko umzugehen. Sag anderen nicht, wie man ein Risiko vermeiden kann, sondern wie man mit dem Risiko umgeht. Dann werden die Menschen um dich herum auch immer mehr wachsen.

Es ist sehr wichtig, dass wir bereit sind, uns in der Pfanne des Lebens zubereiten zu lassen, genießbar zu werden für andere; zu reifen, uns richtig zur Entfaltung zu bringen; genießbar zu werden für eine ganz bestimmte Gruppe von Menschen. Entspringe der Pfanne nicht, wenn es heiß wird! Das tun leider viele. Aber dann wirst du nie wirklich genießbar! Und je älter du wirst, umso ungenießbarer wirst du.“

Wenn eine Situation in Ihnen Lampenfieber auslöst, ist es sehr nützlich, die Ursachen zunächst auf der rationalen Ebene zu klären. Hierzu ist das Motivationsdreieck eine hervorragende Hilfe.

 Übung: Nehmen Sie ein Stück Papier und zeichnen Sie darauf ein Dreieck mit der Spitze nach unten. An die untere Spitze schreiben Sie „ICH“. An die linke Spitze schreiben Sie: „Die Situation macht mich nervös!“, und an die rechte Spitze: „Die Situation macht mir Freude!“.

Wenn etwas in Ihnen Freude auslöst, werden Sie in der gleichen Lage bestimmt kein Lampenfieber entwickeln. Anders dagegen sieht es aus, wenn die Situation Sie nervös macht. Um nun die Ursachen hierfür auf der rationalen

Ebene zu klären, zeichnen Sie einen Pfeil von der linken zur rechten Spitze mit folgender Fragestellung: Was brauche ich, damit das, was mich nervös macht, etwas wird, was mir Freude bereitet? Schreiben Sie alle Gedanken auf und ordnen Sie anschließend Ihre einzelnen Gedanken nach deren Wichtigkeit. Was macht Sie am Meisten nervös? Was brauchen Sie, damit das, was Sie nervös macht, für Sie zur Freude wird? Mit dieser einfachen Methode können Sie sehr schnell aufspüren, was in Ihnen Nervosität auslöst und weshalb Sie Lampenfieber haben.

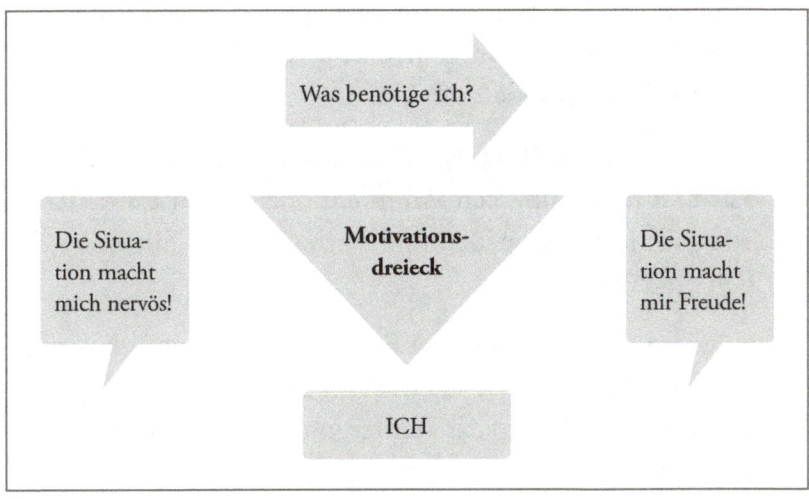

Das Motivationsdreieck

Nicht immer finden Sie auf Anhieb die Ursachen für Ihr Lampenfieber auf der rationalen Ebene. Dann ist es hilfreich, wenn Sie sich einen Augenblick Zeit nehmen und zusätzlich die folgende Meditation durchführen. Mit Hilfe dieser geführten Meditation haben Sie die Möglichkeit, die Ursachen für Ihr Lampenfieber mithilfe Ihres Unterbewusstseins ausfindig zu machen.

Übung: Setzen Sie sich aufrecht auf einen Stuhl. Ihre Füße ruhen parallel und fest auf dem Boden. Die Hände ruhen auf den Oberschenkeln. Ihre Handflächen zeigen nach oben. Ihre Augen sind geschlossen. Ihr Atem ist ruhig und gleichmäßig:

1. Stellen Sie sich vor, Sie stehen auf und verlassen den Raum. Sie steigen in einen Fahrstuhl ein und fahren langsam und ruhig nach unten.

2. Tief unten angekommen, hält der Fahrstuhl an. Sie steigen aus. Sie sehen einen Flur, der sanft weiter nach unten führt. Der Flur ist mit einem hellen und warmen Licht durchflutet. Sie gehen den Flur hinunter. Ihre Schritte klingen gedämpft. Um Sie herum ist Ruhe.

3. Am Ende des Flurs sehen Sie eine Tür. Sie öffnen die Tür und treten in einen Raum ein. Der Raum erstrahlt ebenfalls in einem hellen und warmen Licht. Sie schließen die Tür.

4. Gegenüber der Tür ist ein Fenster. Hinter dem Fenster ist eine wunderschöne Landschaft. Es ist Ihre Lieblingslandschaft. Sie öffnen das Fenster und frische Luft strömt in den Raum.

5. In der Mitte des Raumes stehen zwei Stühle. Sie nehmen auf einem der Stühle Platz. Sie spüren den Frieden, der von diesem Ort ausgeht. Sie nehmen den Raum mit allen Ihren Sinnen wahr. Was sehen Sie? Was hören Sie? Was riechen Sie? Was fühlen Sie? Was schmecken Sie?

6. Leise öffnet sich die Tür und Ihr ganz persönlicher Berater tritt ein. Sie kennen sich schon lange und auch sehr gut.

7. Ihr Berater nimmt Ihnen gegenüber auf dem zweiten Stuhl Platz. Sie begrüßen sich sehr freundschaftlich.

8. Nun fragen Sie Ihren Berater, was die Ursache für Ihre Nervosität ist.

9. Sie lauschen seiner Antwort. Sie hören jedes seiner Worte ganz genau.

10. Bedanken Sie sich bei Ihrem Berater für die Informationen und lächeln Sie ihm zu.

11. Leise steht Ihr Berater auf. Sie verabschieden sich herzlich. Sie wissen, dass Sie Ihren Berater in diesem Raum immer wieder aufsuchen können. Ihr Berater verlässt den Raum.

12. Sie stehen ebenfalls auf, schauen mit großer Freude auf Ihre Lieblingslandschaft, atmen nochmals tief die frische Luft ein, schließen das Fenster, gehen aus dem Raum, schließen die Tür und gehen den Flur hinauf. Sie steigen in den Fahrstuhl ein und fahren nach oben.

13. Nun zählen Sie von drei langsam rückwärts auf eins. Drei – zwei – eins! Öffnen Sie Ihre Augen.

Wenn Sie mit Hilfe der geführten Meditation die Ursache für Ihr Lampenfieber erkannt haben, können Sie diese Ursache mit den folgenden Übungen umwandeln in eine Situation, die Ihnen Freude bereitet:

Die Ursache für mein Lampenfieber ist ...

Ich möchte mit Freude erleben ...

Herr Pilsl, was sollte ein Public Speaker beachten, wenn er vor sein Publikum tritt?

„Wenn ein Sprecher spricht, dann muss er wissen, dass sein Auftritt, schon bevor er den Mund öffnet, eine Botschaft ist. Wenn du ganz zögerlich auf die Bühne gehst und jeder spürt, dass du eigentlich hoch nervös bist, dann ist deine Glaubwürdigkeit auch nicht besonders groß. Du brauchst den Menschen nicht zu gefallen, du bist nicht berufen, auf die Bühne zu gehen und allen Menschen alles recht zu machen oder immer das Richtige zu sagen. Nein, du hast nur eine Aufgabe: Deine Botschaft auf deine Art und Weise weiterzugeben. Und wenn sie nur die Hälfte der Menschen erreicht, ist das schon absolut spitze. Es werden immer einige dabei sein, denen nicht gefällt, was du sagst oder wie du es sagst. Die wird es immer geben. Versuche gar nicht erst, allen zu gefallen. Bleib einfach du, sprich nur über das, was du bist und was du lebst. Das, was dich ausmacht. Der Gockelhahn macht Kikeriki. Der Gockelhahn versucht nicht zu bellen oder zu miauen oder zu piepsen, nur weil man in der heutigen Zeit breiter aufgestellt sein muss – das wird uns eingeredet, um alle Tiere auf dem Bauernhof zu erreichen. Nein, der Gockelhahn hat nur eine Botschaft für die Hühner. Aber die kommen jeden Tag um sechs wieder zum Misthaufen.

Du musst natürlich wissen: Wer sind deine Zuhörer? Kennst du sie wirklich? Warum wollen sie genau dir zuhören? Nur wenn du deine Zuhörer kennst, in deinem Herzen kennst, kannst du auch die Herzen dieser Menschen öffnen und erreichen. Wenn ich auf die Bühne gehe – egal, wie groß die Menschenmenge ist, die mir zuhört – habe ich seit dreißig Jahren dasselbe Gebet: „Herr, öffne du die Herzen dieser Menschen und lass aus meinem Innersten Ströme lebendigen Wassers fließen." Und wenn Gott das tut; ich kann das nicht, aber er kann es; dann stelle ich nur sicher, dass aus meinem Innersten die Botschaft herausfließt, die Gott mir gegeben hat; dann weiß ich am Beginn des Vortrags schon, dass die Menschen sehr begeistert sein werden. Und wenn du noch nicht so weit bist, wenn du noch unsicher bist, dann beginne einfach in kleinen Gruppen mit drei, vier, fünf oder zehn Leuten zu sprechen. Sprich so oft wie möglich. Trage die Botschaft einfach weiter, Schritt für Schritt. Und je mehr du lernst, mit dem Herzen zu arbeiten, umso schneller wächst deine Zielgruppe."

Der Vertrag mit sich selbst

Ich möchte Sie nun zu einem kleinen Experiment einladen. Stellen Sie sich einfach eine Zitrone vor. Stellen Sie sich vor, dass Sie die Zitrone auf einem Teller in zwei Hälften zerschneiden, und der Duft einer sauren Zitrone jetzt in Ihre Nase dringt. Jetzt nehmen Sie die beiden Zitronenhälften und pressen sie aus. Der Saft fließt in eine Schale. Nun können sie den sauren Duft in Ihrer Nase ganz deutlich riechen. Sie setzen jetzt die Schale an Ihre Lippen. Schluck für Schluck trinken Sie den sauren Zitronensaft. Mit jedem Schluck spüren Sie ihn immer deutlicher auf Ihrer Zunge und im Mund. Ihr ganzer Mund ist ausgefüllt mit saurem Zitronensaft. Und nun richten Sie Ihre Aufmerksamkeit auf Ihren Mund. Spüren Sie, wie sich die Mundmuskulatur bei der Vorstellung ein wenig zusammengezogen hat, und sich der Speichelfluss erhöht hat?

Wenn Ja, dann möchte ich Sie ermutigen, die Technik der positiven Visualisierung auch in anderen Situationen anzuwenden. Denn obwohl Sie sich die Zitrone nur vorgestellt haben, und diese gar nicht real existierte, hat Ihr Körper auf sie reagiert! Und diese Körperreaktion, ausgelöst nur durch die eigene Fantasie, können Sie hilfreich in vielen Situationen nutzen. Der Zellbiologe Bruce Lipton schreibt in seinem Bestseller „Intelligente Zellen", dass der Mensch mehr ist als ein biochemisches Produkt der Evolution. Er verbindet dabei die Biologie mit der Quantenphysik und beweist eindrucksvoll und mit vielen Studien, dass unsere Gedanken unseren Körper lenken und formen. Von Buddha stammt die Aussage:

> „Wir sind, was wir denken. Alles, was wir sind, entsteht aus unseren Gedanken. Mit unseren Gedanken formen wir die Welt."

Sportler nutzen diese Erkenntnis für die mentale Wettkampfvorbereitung. Hierbei stellt sich der Sportler in Visualisierungen immer wieder so exakt wie möglich vor, wie er beim nächsten Wettkampf seine Bestleistung verwirklicht. Er lenkt also seine Aufmerksamkeit auf den Erfolg, und nicht auf seine Niederlage.

 Übung: Für ein souveränes Auftreten empfehle ich Ihnen die folgende Methode. Schreiben Sie eine Affirmation, eine Zustimmungserklärung, für eine Lampenfieber-Situation so positiv wie möglich auf. Neben der persönlichen Ich-Aussage kommt es beim Formulieren sehr auf den Wortlaut an. Beachten Sie die folgenden fünf Punkte, damit Ihre Affirmation die größte Wirkung in Ihrem Unterbewusstsein entfalten kann. Ich werde Ihnen diese fünf Punkte jeweils anhand eines Beispiels erklären. So lernen Sie, wie Sie sich mit Hilfe einer Affirmation auf eine Rede vorbereiten können.

1. Verwenden Sie positive Formulierungen – vermeiden Sie Verneinungen

Formulieren Sie die Affirmationen (Zustimmungen) so positiv wie möglich. Vermeiden Sie Verneinungen, Wörter wie „nein", „nicht", „nichts", „kein", „keine" oder „keiner". Denn Verneinungen werden von unserem Unterbewusstsein gestrichen. Das folgende kurze Experiment macht dies deutlich:

Versuchen Sie beim Lesen dieses Satzes – nicht – an einen blauen Elefanten zu denken und – nicht – an ein rundes Haus!

Seien Sie ehrlich, ist es Ihnen geglückt?

Wenn Sie nun schreiben: „Ich werde bei dieser Rede nicht unsicher auftreten", wird es Ihrem „nicht" genauso ergehen: Es wird einfach gelöscht. Und Ihre Botschaft verkehrt sich ins Gegenteil und heißt nun: „Ich werde unsicher bei dieser Rede auftreten." Sie haben Ihrem Unterbewusstsein also genau das falsche Signal gegeben. Die Affirmation muss daher positiv formuliert werden und könnte lauten: „Ich werde bei dieser Rede sicher auftreten".

2. Benutzen Sie die Zeitform der Gegenwart

Formulieren Sie die Affirmationen immer in der Gegenwart, keinesfalls in der Zukunft. Wenn Sie schreiben: „Ich werde bei der Rede sicher auftreten", dann geben Sie damit weiter, dass Sie irgendwann, später mal, bei einer Rede sicher auftreten werden, also irgendwann in ferner Zukunft. Ziehen Sie darum besser Ihr sicheres Auftreten in die Gegenwart und schreiben Sie: „Ich trete bei dieser Rede sicher auf".

3. Bringen Sie positive Emotionen ein

Beginnen Sie beim Schreiben der Affirmationen mit einer positiven Emotion. Wenn Sie schreiben: „Ich erarbeite mir hart mein sicheres Auftreten bei dieser Rede", dann erreichen Sie sehr wahrscheinlich nur zum Teil Ihr Ziel. Denn Sie werden zwar sicher auftreten, aber darüber hinaus wohl auch sehr verbissen wirken. Beginnen Sie Ihre Affirmation mit den Wörtern „Ich genieße…" oder mit „Ich freue mich über…". Schreiben Sie daher besser: „Ich genieße mein sicheres Auftreten bei dieser Rede".

4. Verwenden Sie den Komparativ (die Steigerungsform)

Verwenden Sie für Ihre Affirmationen auch positive Steigerungsformen wie „größer", „blendender" und „immer mehr". Schreiben Sie beispielsweise: „Ich genieße bei dieser Rede meine immer größer werdende Auftrittssicherheit." Durch die Benutzung der Steigerungsform wirken Sie bei dieser Rede von Anfang an sicher und am Ende sogar souverän.

5. Benutzen Sie den Zusatz: „…und mehr."

Beenden Sie jede Affirmation mit den Worten „…und mehr". Mit den zwei Worten „…und mehr" geben Sie Ihrem Unterbewusstsein den Appell, weitere positive Kräfte in Ihnen zu mobilisieren. Mit den Worten „…und mehr" freuen Sie sich zum Beispiel bei der Rede über Ihre Auftrittssicherheit und geben Ihrem Unterbewusstsein den Appell für deren positiven und erfolgreichen Verlauf. Schreiben Sie: „Ich genieße meine immer größer werdende Auftrittssicherheit bei dieser Rede und mehr".

Schreiben Sie Ihre Affirmation auf ein Blatt Papier und versehen Sie sie mit Datum und Unterschrift. Sie schließen damit einen Vertrag mit sich selbst ab und richten Ihre Aufmerksamkeit auf Ihre positive Energie. Bewahren Sie das Blatt anschließend an einem Ort auf, an dem Sie immer wieder an Ihren Vertrag mit sich selbst erinnert werden, beispielsweise auf Ihrem Schreibtisch, an Ihrem Badezimmerspiegel oder in Ihrer Geldbörse.

Ich genieße … / Ich freue mich über …

Datum: _____

Unterschrift: _____

In der Ruhe liegt die Kraft

Ein souveränes Auftreten erlangen Sie auch, wenn Sie im entscheidenden Moment Ihre volle Leistungsfähigkeit abrufen können und fähig sind, sich voll und ganz darauf zu konzentrieren. Sicherlich kennen auch Sie aus den Medien Bilder von sportlichen Wettkämpfen. Da ist der Skifahrer, der sich vor dem Start konzentriert und in Gedanken die Abfahrt Torstange für Torstange durchfährt. Da ist der Rennfahrer in der Boxengasse, der jede Kurve der Rennstrecke verinnerlicht.

Mit den folgenden drei Schritten können Sie Ihre Leistungsfähigkeit und Ihr Konzentrationsvermögen erhöhen. Mit dem ersten Schritt bauen Sie mögliche Stressfaktoren in Ihrem Körper ab. Dies gelingt Ihnen schnell durch ein abwechselndes Klopfen auf die Ohrmuscheln. Diese Methode stammt aus dem Leistungs- und Emotionscoaching „wingwave®". Die beiden Gehirnhälften werden durch ein abwechselndes Klopfen auf die Ohrmuscheln stimuliert, und Stress wird dadurch abgebaut.

Übung: Setzen Sie sich für diese Übung aufrecht auf einen Stuhl. Ihre Beine ruhen parallel auf dem Boden. Achten Sie darauf, dass keine Gliedmaßen gekreuzt sind. Mit der flachen rechten Hand klopfen Sie nun leicht auf Ihre rechte Ohrmuschel und mit der linken Hand auf Ihre linke Ohrmuschel. Klopfen Sie nicht gleichzeitig auf beide Ohrmuscheln, sondern abwechselnd im Takt. Die Pausen sollten nicht länger als zwei Sekunden sein. Durch das sanfte Klopfen auf die Ohrmuscheln und den damit verbundenen abwechselnden Klopfgeräuschen im linken und rechten Gehörgang werden die Gehirnhälften stimuliert.

Schon nach kurzer Zeit werden Sie das Bedürfnis haben zu schlucken oder tief durchzuatmen. Dies sind körperliche Anzeichen für einen schnellen Stressabbau.

Klopfen Sie abwechselnd mit der linken und der rechten flachen Hand auf Ihre Ohrmuscheln.

Im zweiten Schritt aktivieren Sie Ihre Thymusdrüse. Die Thymusdrüse liegt hinter dem oberen Teil des Brustbeins und bildet die T-Lymphozyten, die einen wichtigen Teil des Immunsystems darstellen. Wenn Sie leicht mit der flachen Hand auf Ihre Brust klopfen, regen Sie die Thymusdrüse an, verbessern zusätzlich den Energiefluss in den Meridianen und sind dadurch nach kurzer Zeit deutlich leistungsfähiger.

Klopfen Sie mit Ihrer flachen Hand auf Ihre Brust.

Der dritte Schritt hilft Ihnen, den Zustand der höchstmöglichen Konzentration zu erlangen. Schließen Sie hierzu Ihre Augen und zählen Sie rückwärts von dreißig auf null. Mit jeder Zahl atmen Sie tief ein und aus. Versuchen Sie, sich nur auf das Zählen und auf Ihre Atmung zu konzentrieren. Blenden Sie andere Gedanken aus.

Sie betonen immer wieder, Herr Pilsl, wie wichtig es ist, im Einklang mit sich selbst zu leben. Warum ist das wichtig?

„Es ist sehr, sehr wichtig, dass wir im Rahmen jener Gesetz-mäßigkeiten leben und handeln, die Gott eingerichtet hat. Wir nennen das die „naturkonforme Strategie". Es gibt viele geistige Gesetze, Naturgesetze, universelle Gesetze, Lebensgesetze, die Gott eingerichtet hat, damit es uns Menschen auf dieser Erde gut geht. Wenn du ständig versuchst, dagegen anzukämpfen, wenn du deine eigene Philosophie haben willst, oder, auf Deutsch gesagt, „gegen den Wind pinkelst", dann darfst du dich nicht wundern, wenn du jedes Jahr auch wieder dieselben Probleme pro-duzierst. Darum ist es für uns Menschen sehr wichtig, hineinzuwachsen in die göttliche Einfachheit des Lebens. Es gibt ja für uns nur zwei Möglichkeiten: Wachsen oder Welken. Dazwischen ist nichts, keine neutrale Zone. Was aufgehört hat zu wachsen, das hat bereits begonnen zu welken. Und damit ein Mensch nicht aufhört zu wachsen, muss er ständig darauf achten, dass er sich neu düngt, neu inspiriert, neu füllt mit dem, was er braucht, um weiter zu wachsen. Es ist sehr, sehr wichtig.

Sage nie zu jemandem: „Bleib so, wie du bist". Das ist eine Beleidigung. Sondern wünsche anderen Wachstum in ihrem Leben.

In meinem Buch „45 plus – die Faszination der zweiten Lebenshälfte" habe ich die fünf W's beschrieben: Wir ver-binden das Wissen der jüngeren Menschen mit der Weis-heit der älteren Menschen auf einem Wertefundament, das

„Fels" bedeutet; wo du nicht weggeblasen werden kannst, wenn einmal ein Sturm kommt. Wissen, mit Weisheit verbunden, auf einem Wertefundament führt zu Wachstum, und Wachstum führt automatisch zu Wohlstand.

Ihnen ist auch wichtig, das richtige Tempo zu wählen. Herr Pilsl, was meinen Sie damit?

Wichtig ist mir dabei, dass wir immer wieder Pausen machen, uns genügend Zeit nehmen zum Auftanken, zum Investment in uns selbst, um uns selbst zu ermutigen, zu inspirieren. Wir dürfen uns aber nicht auf unseren Lorbeeren ausruhen. Ein Mensch, der sich auf seinen Lorbeeren ausruht, der glaubt, jetzt hat er alles geschafft, der fällt ganz schnell zurück. Und es gibt ja auch den Unterschied zwischen effektiv und effizient. Effektiv ist, das Richtige zu tun, effizient ist, es richtig zu tun. Wenn jemand nur effizient sein will, dann kann er auch das Falsche sehr effizient tun. Er wird dann irgendwo ankommen im Leben, wo er nie hinkommen wollte. Daher ist die erste Frage immer: Stimmt die Richtung, in die ich gehe? Bin ich effektiv unterwegs, in Richtung meiner gottgegebenen Berufung? Und dann schaue ich, dass ich auf diesem Weg auch effizient bin. Und wir lernen immer besser, es richtig zu machen, und das noch dazu in der richtigen Reihenfolge."

DIE DRITTE GABE:
OHNE WORTE ERFOLGREICH SPRECHEN

Beispiel Mario Adorf

Mario Adorf wurde 1930 in Mayen in der Eifel geboren und studierte in Mainz und Zürich Psychologie, Kriminologie, Literatur und Theaterwissenschaften; Fächer, die für seine spätere Schauspielkunst und seine zahlreichen Charakterrollen eine wertvolle Ergänzung waren. Die Schauspielkunst erlernte er in München an der Otto-Falkenberg-Schule. Anschließend spielte er an den Münchner Kammerspielen.

Mit der Darstellung eines Frauenmörders in dem Film: „Nachts, wenn der Teufel kam" wurde er für den Film entdeckt und gleichzeitig für viele Jahre auf die „Schurkenrolle" festgelegt, wie etwa in der Rolle des Banditen Santer als Gegenspieler zu Winnetou. In über 190 nationalen und internationalen Filmproduktionen überzeugte Mario Adorf mit seiner brillanten Darstellungsfähigkeit. Er wurde hierfür mit vielen Ehrungen ausgezeichnet. Er erhielt die Goldene Kamera für sein Lebenswerk, das große Bundesverdienstkreuz und die Ehrendoktorwürde der Johannes Gutenberg-Universität in Mainz.

Ich bewundere Mario Adorf für sein Talent, mit seinem Körper und seiner Stimme dem Publikum unglaublich viel mitteilen zu können. Als ich ihn auf der Frankfurter Buchmesse bei einem Interview live erlebte, spürte ich auch seine ganz spezifische Ausstrahlung. Seine Körperhaltung war würdevoll, seine Augen strahlten Herzlichkeit aus, seine Worte waren wohlüberlegt und seine Stimme überzeugte mit einem angenehmen Klang.

Herr Pilsl, warum ist Ausstrahlungskraft heute so wichtig?

„Ausstrahlung, positive Ausstrahlung, macht einen Menschen ganz besonders attraktiv, und Attraktivität erzeugt Anziehungskraft. Wenn dein Produkt das einzige an dir ist, was attraktiv ist, die Leute also nur des Produktes wegen deine Nähe suchen, dann wirst du eines Tages ziemlich allein dastehen. Wir müssen ständig an unserer persönlichen Attraktivität arbeiten. Wenn wir als Person attraktiv sind und attraktiv bleiben, dann werden wir – egal was wir im Leben tun – immer Anziehungskraft haben.

In sehr vielen Fällen verlassen die besten Talente eine Firma, weil der Unternehmer, ihr Chef, aufgehört hat, an sich zu arbeiten. Sie finden ihren Chef dann nicht mehr attraktiv. Da gehen dann die besseren Mitarbeiter immer zuerst weg. Jeder Leader muss an seiner Ausstrahlung, an seiner Attraktivität arbeiten. Und Freude ist eines der wichtigsten Dinge dabei. Wenn du Freude erlebst, bei dem was du tust, nicht nur Spaß hast, sondern Freude; und Freude ist eine Frucht des Geistes. Wenn du diese Freude ausstrahlst, dann wird nicht nur deine Arbeit zu deinem Hobby, sondern du kannst aufhören zu arbeiten, weil das, was du tust, dein Hobby geworden ist! Diese Freude steckt auch andere Menschen an. Diese Freude macht dich immer attraktiver, diese Freude schafft eine Atmosphäre in deinem Unternehmen, in das die Leute schon am Montagvormittag gern kommen. Diese Freude muss bei jedem deiner Auftritte sichtbar werden. Egal, wie viele Umstände du gerade durchlebst, die Menschen müssen die Freude deines Herzens erleben. Dann ist deine Zukunft gesichert."

Die nonverbale Kommunikation

Im Jahre 1967 führte der Psychologe Albert Mehrabian an der University of California Untersuchungen zur Kommunikation durch. In zwei Studien wurden positive, neutrale und negative Wörter jeweils mit einem positiven, einem neutralen und einem negativen Ausdruck gesprochen und den Probanden vorgespielt. Dabei wurde untersucht, wie die Testpersonen eine Aussage zuordnen, wenn Textinhalt, Stimme und Körpersprache sich widersprechen. Das Ergebnis war, dass die Probanden mehr auf die nonverbal gesendeten Signale reagierten als auf das inhaltlich Gehörte. Im Jahr 1971 bestimmte Albert Mehrabian auf der Grundlage der Studien das Wirkungsverhältnis von Körpersprache, Stimme und Inhalt. Demnach reagieren wir zu fünfundfünfzig Prozent auf die Körpersprache, zu achtunddreißig Prozent auf die Stimme und zu sieben Prozent auf den Inhalt.

Oft wird nun aus dem Wirkungsverhältnis von Körpersprache, Stimme und Inhalt eine allgemeingültige Regel für die Kommunikation abgeleitet. Die Körpersprache mit fünfundfünfzig Prozent und die Stimme mit achtunddreißig Prozent erhalten dadurch gegenüber dem Inhalt mit sieben Prozent einen sehr hohen Stellenwert.

Das ist für mich nicht immer stimmig, gerade auch, weil sich die Studien von Albert Mehrabian speziell auf den Widerspruch von Aussage und Ausdruck bezogen haben. Aber seine Studien machen dennoch deutlich, dass wir nicht nur mit dem Inhalt kommunizieren. Meine Erfahrung ist: Wir kommunizieren mit der Körpersprache, mit der Stimme und mit dem Inhalt gleichzeitig, aber die Gewichtung dieser drei Faktoren ist auch von der Situation abhängig.

Das hat Konsequenzen. Es bedeutet, dass ein Redner, der auf dem Weg zum Rednerpult ist, bereits mit seinem Gang und seiner Körperhaltung wichtige Signale an die Zuhörer aussendet. Er wirkt dabei fast nur durch seine Körpersprache. Bei seiner Rede sendet er dann zusätzlich mit seiner Stimme Signale aus, und der Inhalt wird zunehmend wichtiger. Dennoch muss ihm bewusst sein, dass er auch während seiner Rede nicht nur den Inhalt seiner Rede kommuniziert, sondern die Zuhörer mit dem Inhalt auch die Stimme und seine Körpersprache wahrnehmen.

Eine Teilnehmerin erzählte mir einmal in einem Seminar: „Herr Koch, das geht gar nicht! Meine Vorgesetzte kommt immer zu mir ins Büro, stellt sich schräg hinter meinen Stuhl und beginnt dann, mit mir von oben herab zu sprechen. Ich fühle mich dann immer sehr klein, mache innerlich zu und blocke ab. Ich kann ihr gar nicht mehr richtig zuhören."

Dies ist ein weiteres eindrückliches Beispiel für unsere nonverbale Kommunikation, wenn auch ein negatives. Denn das Gespräch ist bereits beendet, bevor es begonnen hat.

Sehr treffend finde ich zu diesem Thema die Worte von der Kabarettistin Uta Schutte:

> „Also, wie war das noch mit dem Charisma? Auf jeden Fall entfaltet es sich nicht auf dem Papier, sondern von Mensch zu Mensch in der persönlichen Begegnung. Die Öffnung des Körpers zu den anderen, der gerade Blick in die Augen und die Entschlossenheit in der Stimme spielen eine Rolle. Gesellschaftliche Stellung, der Bildungsgrad oder die Kleidung spielen eher keine Rolle. Es scheint mir, dass das Ich-Sein die wesentliche Rolle bei Charisma spielt. Einfach und schlicht, ohne Zweifel an der Übereinstimmung des eigenen Tuns mit der inneren Stimme.

Verbunden mit der Liebe und einem Verantwortungsgefühl für alle anderen um mich herum. In sich ruhend kann der charismatische Mensch nach außen strahlen. Er kann alle anderen in den Bann seines Strahlens ziehen, weil das Feuer, das in ihm für eine Idee brennt, alle anderen einlädt, sich daran zu wärmen und mitzuhelfen, dass die Idee zur gelebten Wirklichkeit wird. In der Hoffnung, dass es immer weniger Menschen gibt, die diese Fähigkeit missbrauchen, indem sie Feuer entfachen, das alles verbrennt, wünsche ich mir überall charismatische Menschen, die die Heilung der Welt fördern."

Wie deutlich Sie die nonverbale Kommunikation wahrnehmen, können Sie mit einem kleinen Experiment erkunden. Schalten Sie bei einem Spielfilm an Ihrem Fernsehgerät den Ton aus. Sie werden erstaunt sein, wie viel Sie nur über die Wahrnehmung der nonverbalen Signale von der Handlung des Films verstehen werden.

Der amerikanische Schauspieler Anthony Quinn sagte in einem Interview:

„Ein Schauspieler vermittelt die Handlung eines Films zu neunzig Prozent mit seiner Körperhaltung, mit seiner Mimik und mit seiner Gestik, aber nur zu zehn Prozent mit seinen Worten."

Ich benutze gern das folgende Wortspiel:

Wenn Sie die nonverbalen Signale nicht beachten, dann sind Sie schnell ein „No-BODY"!

Ein Kollege erzählte mir von einem ausländischen Unternehmer, der die nonverbalen Signale in ganz besonderer Art und Weise für sein Verhandlungsgeschick nutzte. Er gab im Gespräch mit einem deutschen Unternehmer vor, dass er weder Deutsch noch

Englisch sprechen würde. So wurde ein Übersetzer zu den Verhandlungen hinzugezogen. In Wirklichkeit sprach der Mann aber beide Sprachen perfekt. Er verstand jedes Wort. Aber er nutzte die Übersetzungspausen, um die nonverbalen Signale seines Verhandlungspartners zu analysieren.

Die Körperhaltung

Eine Körperhaltung kann nicht grundsätzlich als positiv oder negativ eingeschätzt werden. Denn ihre Wirkung ist immer abhängig von der Situation. Wenn Sie zum Beispiel Ihre Arme vor der Brust verschränken, so wirken Sie auf Ihren Gesprächspartner abwehrend. Denn Ihre Arme wirken wie ein Schutzwall vor Ihrer Brust. Nehmen Sie aber diese Körperhaltung als Zuhörer bei einem Vortrag ein, so wirken Sie dagegen höflich-zurückhaltend. Denn Sie nehmen die Aktivität Ihrer Arme als Zuhörer bewusst zurück.

Der Begriff Körperhaltung ist in zweierlei Hinsicht zu verstehen. Er beschreibt einerseits die Wirkung auf Ihre Mitmenschen, andererseits beschreibt er auch Ihre emotionale Haltung. Mit einer offenen und aufrechten Oberkörperhaltung senden Sie nicht nur positive Signale nach außen, sondern beeinflussen damit auch Ihre innere Haltung positiv.

Wenn Sie mit Ihrem Körper die folgenden beiden Haltungen einnehmen, merken Sie sofort, wie sich eine geänderte Körperhaltung auf Ihre innere Haltung auswirkt.

Beherzigen Sie für die Übung zusätzlich die Worte von dem amerikanischen Schriftsteller Isaac B. Singer:

> „Was jemand denkt, merkt man weniger an seinen Ansichten als an seinem Verhalten."

Übung:

1. Körperhaltung: Ihr Blick ist nach unten gerichtet, Ihre Schultern hängen schlaff herab, Ihr Oberkörper ist in sich zusammengefallen. Spüren Sie in sich hinein: Welches Gefühl haben Sie?

2. Körperhaltung: Ihr Blick ist geradeaus gerichtet, Ihre Arme sind in die Seite gestemmt, Ihr Oberkörper ist aufgerichtet. Welches Gefühl haben Sie jetzt?

Mit unterschiedlichen Körperhaltungen rufen Sie unterschiedliche Emotionen in sich hervor. Vereinfacht ausgedrückt fühlen Sie sich bei der ersten Körperhaltung klein und schwach und bei der zweiten groß und stark. Welche Haltung passend ist, hängt ganz entscheidend vom Kontext ab. Die erste Körperhaltung unterstützt Sie vielleicht in Ihrer Empathie zu einer Person, der Sie eine schlechte Nachricht überbringen müssen. Die zweite Körperhaltung wirkt auf Sie angenehm, wenn Sie vor einer Gruppe selbstbewusst auftreten möchten.

Was verbinden Sie, Herr Pilsl, mit der inneren Haltung – Körper, Geist und Seele?

„Grundsätzlich ist es für mich Körper, Seele und Geist – nicht Körper, Geist und Seele. Der Mensch ist Geist, hat eine Seele und wohnt in einem Körper. Wenn jemand sagt, Geist und Seele ist dasselbe, dann weiß ich, er versteht nicht viel davon. Wenn jemand sagt, beim Computer sind Software und Betriebssystem dasselbe, dann weiß ich, er versteht von Computern nichts.

Wenn du von Computern nichts verstehst, dann darfst du dich nicht wundern, wenn der Output deines Computers nicht besonders groß ist. Genauso ist es beim Menschen. Wenn jemand den Unterschied zwischen Geist und Seele nicht versteht, dann darf er sich nicht wundern, wenn der Output seines Lebens nicht besonders groß ist. Der Mensch ist Geist, hat eine Seele und wohnt in einem Körper.

Alle drei Ebenen sind wichtig. Der Geist ist das Betriebssystem. Wes' Geistes Kind bist du? Was bewegt dein Herz?

Wer bewegt dein Herz? Der seelische Bereich ist die Festplatte, wo dein Know-how gespeichert ist, dazu gehören deine Software-Programme, dein Wissen, deine Erfahrungen. Und wenn Betriebssystem und Software, Geist und Seele, wirklich kompatibel sind, dann wird dein Körper zum Nutzen anderer das hervorbringen, was wirklich hochattraktiv ist.

Alle drei Dinge müssen in Einklang sein. Ein gesunder Geist in einer gesunden Seele, die nicht vergiftet ist, in einem gesunden Körper, der nicht krank ist – und deine Zukunft ist gesichert."

 **Übung:** Mit den folgenden zwei Übungen möchte ich Ihnen einen weiteren Einblick geben, wie wichtig die Körperhaltung ist. Auch für diese Übung empfehle ich Ihnen, mit Ihrem Körper die beschriebenen Haltungen selbst einzunehmen.

Stellen Sie sich für die erste Übung bitte vor, dass Sie in einem Gespräch einer Person gegenübersitzen. Achten Sie bitte darauf, welche Wirkung Ihre Körperhaltung auf Ihren Gesprächspartner hat. Beobachten Sie aber auch, wie sich Ihre Körperhaltung auf Ihre eigene Haltung auswirkt. Betrachten Sie dabei meine Antworten bitte nur als Anregungen. Es kann nämlich sein, dass Sie durch Ihre Körpergröße, Ihre Statur oder Ihr Geschlecht zu abweichenden Wahrnehmungen kommen.

- Sie nehmen die ganze Sitzfläche ein und Ihr Oberkörper ist aufrecht:

  Sie fühlen sich sichtlich wohl. Mit der aufrechten Oberkörperhaltung geben Sie deutlich ein Signal, mit allen Sinnen anwesend zu sein.

- Ihre Füße ruhen im Sitzen hüftbreit parallel auf dem Boden:

  Zusammen mit der aufrechten Oberkörperposition vermitteln Sie eine große Standhaftigkeit.

- Ihre Fußspitzen sind nach innen gerichtet:

  Sie wirken zurückhaltend.

- Sie wippen im Sitzen mit den Beinen:

  Offensichtlich sind Sie nervös.

- Ihre Beine sind im Sitzen übereinandergeschlagen:

  Als Mann nehmen Sie eine eher abwehrende Haltung ein. An Sie herangetragene Argumente wehren Sie scheinbar ab. Dieser Eindruck wird stärker, wenn Sie zusätzlich noch die Arme vor der Brust verschränken.

  Anders wirkt diese Körperhaltung bei Frauen. Verbunden mit einer aufrechten und offenen Haltung des Oberkörpers kann das Übereinanderschlagen der Beine auch vornehm und interessiert wirken.

- Sie sitzen nur auf der vorderen Stuhlkante und Ihr Oberkörper ist nach vorne gebeugt:

  Sie wirken unterwürfig.

- Ihre Handflächen sind geöffnet:

  Mit offenen Handflächen signalisieren Sie Offenheit. Sie sind bereit, Informationen offen anzunehmen oder offen und ehrlich weiterzugeben.

- Ihre Hände sind zu Fäusten geballt:

  Ihre Fäuste wirken wie eine drohende Kampfansage. Sie können aber auch ein Zeichen Ihrer Angespanntheit oder von unterdrückter Wut sein.

- Ihre Hände umklammern die Stuhllehnen:

  Sie wirken wie auf einem Schleudersitz, und also verkrampft.

- Ihre Arme ruhen locker auf der Stuhllehne oder auf Ihren Oberschenkeln:

  Sie wirken entspannt.

- Ihr Zeigefinger ruht über dem Mund:

  Sie hören zu, würden sich aber wohl nur zögerlich die Mühe machen zu antworten. Denn Sie verschließen mit dem Finger Ihre Lippen. Ihre Haltung kann aber auch als Zeichen von Interesse gedeutet werden. Um Missverständnissen vorzubeugen, ist es daher sinnvoll, den Zeigefinger auf dem Kinnbuckel ruhen zu lassen. Dies ist ein deutlicheres Signal von Interesse.

- Ein Zeigefinger ist ausgestreckt und deutet auf Ihren Gesprächspartner:

  Ihr ausgestreckter Zeigefinger wirkt wie eine Waffe und verdeutlicht Ihre innere Haltung: Ich bin in Ordnung, aber du nicht!

- Sie stützen Ihr Kinn mit beiden Händen ab:

  Ihr Kopf ist schwer und Sie sind scheinbar müde. Schnell entsteht die Wirkung, dass Sie in dem Gespräch lieber keine Informationen mehr aufnehmen möchten.

- Ihr Oberkörper ist im Sitzen weit nach vorne gebeugt:

  Sie greifen an. Sie verlassen Ihre räumliche Grenze und dringen in den Raum Ihres Gesprächspartners ein. Je nachdem, was Sie sagen und wie Sie dabei Ihre Stimme einsetzen, kann das weite Vorbeugen des Oberkörpers auch Vertrauen schaffen.

- Ihr Blick ist zur Seite gerichtet:

  Indem Sie den Blickkontakt vermeiden, geben Sie das Signal, dass Sie kein Interesse haben.

Für die zweite Übung stellen Sie sich bitte vor, dass Sie vor einer Gruppe stehen und eine Ansprache halten. Nehmen Sie hierzu wieder die beschriebenen Körperhaltungen selbst ein. Nehmen Sie erneut die Wirkung der Körperhaltung auf Ihre Zuhörer wahr und machen Sie sich auch hier wieder die Auswirkung Ihrer Körperhaltung auf Ihre eigene innere Haltung bewusst:

- Ihr Körpergewicht ruht auf beiden Beinen:

  Sie stehen mit beiden Beinen fest auf dem Boden und signalisieren damit eine große Standhaftigkeit. Über Ihre Körperhaltung vermitteln Sie Ihren Zuhörern damit auch, dass Sie einen festen Standpunkt und eine eigene Meinung haben.

- Ihre Beine sind im Stehen gekreuzt:

  Sie wirken unsicher, denn Sie sind sehr leicht aus dem Gleichgewicht zu bringen.

- Ihre Knie sind durchgestreckt:

  Sie wirken starr.

- Ihre Hände sind in der Hosentasche versteckt:

  Sie wirken passiv und gelangweilt.

- Sie weisen mit der offenen Handfläche auf etwas hin:

  Sie zeigen Offenheit, das schafft Vertrauen.

- Ihre Daumen sind in den Hosentaschen verborgen:

  Sie verbergen Ihr dominantestes Fingerglied und drücken dadurch Zurückhaltung aus.

- Ihre Hände sind vor der Hüfte verschränkt:

  Wenn Sie Ihre Hände vor der Hüfte verschränken und zusätzlich den Kopf leicht nach unten beugen, wirken Sie demütig. Um mit dieser Körperhaltung souverän vor einer Gruppe zu stehen, sind die aufrechte Kopfhaltung und der Blickkontakt zu den Zuhörern von großer Bedeutung.

- Ihre Hände sind hinter dem Rücken verschränkt:

  Ihre nicht sichtbaren Hände signalisieren Zurückhaltung. Wenn Sie zusätzlich Ihre Brust herausstrecken, können Sie sehr überheblich wirken. Besonders wenn Sie zusätzlich den Kopf in den Nacken legen und somit sprichwörtlich „hochnäsig" sind.

- Ihre Arme sind nach vorne ausgestreckt und die Handflächen zeigen nach unten:

  Sie möchten etwas beschwichtigen oder von sich weisen.

- Ihre Arme sind seitlich in die Hüfte gestützt:

  Indem Sie mit den Armen seitlich mehr Raum einnehmen, vergrößern Sie Ihr Territorium. Sie machen sich ganz bewusst größer. Bei sehr kräftigen und großen Personen kann diese Körperhaltung durchaus auch bedrohlich wirken.

- Eine Schulter zeigt zu Ihren Zuhörern:

  Sie wenden sich ab und zeigen Ihren Zuhörern die „kalte Schulter".

Nach diesen Übungen und den damit gemachten Erfahrungen, können Sie nun noch einen Schritt weitergehen. Sie können die Körperhaltung von anderen besser wahrnehmen und empfinden, was jemand anderes fühlt.

Machen Sie hierzu die Körperhaltung dieser Person in Gedanken exakt nach. Wie ist die Kopfhaltung? Wohin ist der Blick gerichtet? Welche Haltung hat der Oberkörper? Wo befinden sich die Arme, wo die Beine? Wie hält sie ihre Hände?

Wenn Sie die Körperhaltung eines anderen Menschen exakt eingenommen haben, dann spüren Sie einen kurzen Augenblick in sich hinein:

- Was empfinden Sie?

- Wie fühlen Sie sich, wenn Sie diese Haltung übernehmen?

Sprechen Sie anschließend mit Empathie über Ihre Wahrnehmung. Sprechen Sie offen, achtsam und wertschätzend und stellen Sie niemals eine Behauptung auf. Bitte bedenken Sie, dass die Körperhaltung keine eindeutigen Rückschlüsse auf die innere Haltung einer Person zulässt. Manche Menschen wirken nach außen anders als sie im Inneren fühlen.

Ob jemand in seinem Inneren auch so fühlt, das müssen Sie durch ein wertschätzendes Nachfragen überprüfen. Dies können Sie am besten tun, wenn Sie Ihre Wahrnehmung interpretieren.

Nehmen wir hierzu das Beispiel, dass Sie jemanden von einer Idee begeistern möchten. Im Verlauf des Gesprächs verändert Ihr Gesprächspartner seine Körperhaltung. Er lehnt sich mit dem Oberkörper deutlich zurück, verschränkt die Arme vor der Brust und schlägt die Beine übereinander. Ihre Interpretation könnte lauten: „Wenn ich es richtig wahrnehme, sind Sie noch etwas zurückhaltend." Wenn Ihr Gesprächspartner Ihre Interpretation bestätigt, haben Sie die Möglichkeit, passend darauf zu reagieren. Das Gespräch könnte also wie folgt verlaufen:

- „Wenn ich es richtig wahrnehme, sind Sie noch etwas zurückhaltend."

- „Ja!"

- „Was sind die Gründe für ihre Zurückhaltung?"

- „Ich habe Bedenken."

- „Welche Bedenken haben sie genau?"

Schon dieses kurze Beispiel macht deutlich, dass die Interpretation einer Körperhaltung ein Gespräch positiv beeinflussen kann. Ich möchte jedoch nochmals betonen, dass Sie Ihre Wahrnehmung immer mit einer Nachfrage überprüfen müssen. Würden Sie ohne jede Nachfrage Ihrem Gesprächspartner Zurückhaltung unterstellen, könnte das Gespräch in eine völlig falsche Richtung laufen. Denn vielleicht ist Ihr Gesprächspartner nur gerade etwas müde und empfindet diese Körperhaltung deshalb als angenehm. Körperhaltungen sind, im Gegensatz zu unserer Mimik, nicht eindeutig.

Die Mimik

Die Mimik ist ausschlaggebend dafür, dass Sie eine Körperhaltung präziser interpretieren können. Auf den folgenden drei Fotos ist die Körperhaltung immer die gleiche. Die Arme sind bei allen drei vor der Brust verschränkt, die Mimik aber verändert sich. Nehmen wir an, dass Ihnen der Mann auf den Fotos gegenübersteht. Sendet er immer das gleiche nonverbale Signal aus?

Die verschränkten Arme vor der Brust senden ein Signal der Verschlossenheit. Der verärgerte oder verachtende Gesichtsausdruck auf dem ersten und zweiten Foto macht dies zusätzlich deutlich. Interessant ist, dass mit dem veränderten Gesichtsausdruck von Freude auf dem dritten Foto die gleiche Körperhaltung mit den verschränkten Armen auch als ein Signal für Offenheit ausgelegt werden kann.

Sie sehen hier, dass die Körperhaltung immer zusammen mit der Mimik wahrgenommen werden muss.

Ein bedeutender Schritt in der Mimikforschung gelang den amerikanischen Psychologen Paul Ekman und Wallace Friesen. Sie haben das FACS, das Facial Action Coding System entwickelt. Mit dem FACS wird beschrieben, welche Gesichtsmuskeln zusammenspielen, um in der Mimik eine bestimmte Emotion auszudrücken.

In Deutschland wurde das „Gesichterlesen" durch den Mimik-Experten und Entwickler der Mimikresonanz®-Methode Dirk W. Eilert bekannt. Mit der Mimikresonanz®-Methode erkennen Sie im ersten Schritt einen veränderten Gesichtsausdruck, im zweiten Schritt ordnen Sie dem veränderten Gesichtsausdruck eine bestimmte Emotion zu, und im dritten Schritt reagieren Sie mit Empathie auf diese Emotion.

Mit dem folgenden Beispiel möchte ich Ihnen zeigen, wie Sie mit dieser Methode einfühlsam in Kontakt zu anderen treten können:

Ein Hotelgast kommt morgens an die Rezeption und möchte auschecken. Als er vom Empfangschef höflich gefragt wird, ob der Aufenthalt für ihn angenehm war, antwortet der Gast mit einem „Ja", zeigt jedoch einen Gesichtsausdruck von Ärger. Wenn der Empfangschef nun den Gesichtsausdruck wahrnimmt und darauf reagiert, hat er die Möglichkeit, mit dem Hotelgast ins Gespräch zu kommen. Er kann sagen: „Wenn ich es richtig wahrnehme, sind sie leicht verärgert." Wenn der Gast diese Interpretation bestätigt, kann der Empfangschef nach dem Grund für den Ärger fragen: „War etwas in unserem Haus nicht zu ihrer Zufriedenheit?" Bestätigt der Gast auch dies, kann der Empfangschef wieder darauf reagieren und versuchen, das Ärgernis aus dem Weg zu räumen. Reagiert der Empfangschef aber nicht auf den verärgerten Gesichtsausdruck, dann wird der Gast dieses Hotel in Zukunft wohl nicht wieder aufsuchen.

Bitte beachten Sie, dass der Empfangschef zuerst den Grund für den Ärger erfragen muss: „War etwas in unserem Haus nicht zu ihrer Zufriedenheit?" Denn der Gast könnte sich zuvor, beispielsweise in einem Telefonat, auch über etwas ganz anderes geärgert haben. Die gezeigte Emotion von Ärger hätte dann nichts mit dem Hotel zu tun. Stellen Sie daher niemals eine Behauptung auf, sondern sprechen Sie zuerst Ihre Wahrnehmung mit einer achtsamen Interpretation an, und fragen Sie dann nach der Ursache.

Die drei Schritte in diesem Beispiel sind:

- Wahrnehmung der Emotion von Ärger im Gesichtsausdruck des Gastes.

- Achtsame Interpretation: „Wenn ich es richtig wahrnehme, sind sie leicht verärgert."

- Nachfragen für den Grund der Emotion: „War etwas in unserem Haus nicht zu ihrer Zufriedenheit?"

Wenn Sie diese Methode mit Wertschätzung anwenden, fließt mehr Empathie in ein Gespräch ein, und Sie können die Herzen der Menschen stärker berühren.

Der Gang

Ihre Art zu gehen hat ebenfalls Einfluss auf Ihre Ausstrahlung und ist, wie auch Ihre Körperhaltung, vom Kontext abhängig. Denn es ist ein großer Unterschied, ob Sie beispielsweise mit großen Schritten auf einen anderen Menschen zugehen oder die Distanz zu einem Rednerpult zurücklegen. Ist beim Gang zum Rednerpult ein größeres Schrittmaß passend, das stark und souverän auf Ihre Zuhörer wirkt, kann das gleiche Schrittmaß da, wo Sie auf jemand anderen zugehen, sogar einschüchternd wirken. Das kann für den Beginn eines Gesprächs hinderlich sein; vor allem, wenn es ein vertrauensvolles Gespräch werden soll. Beobachten Sie Ihren Gang in den nächsten Tagen genau. Mit welchen Schritten gehen Sie durch Ihr Leben? Sind es überwiegend große Schritte, die oft Zielstrebigkeit vermitteln, oder eher kleine Schritte, die vorsichtiger und wohlüberlegt wirken? Und gehen Sie immer mit den gleichen Schritten durch das Leben? Die folgenden Kriterien helfen Ihnen bei Ihrer Analyse.

Schrittmaß	Dynamik
groß	zügig
mittel	verhalten
klein	vorsichtig
Füße	**Auftritt**
nach innen gerichtet	fest
geradeaus	federnd
nach außen gerichtet	gleichmäßig

Die Gestik

So, wie Sie mit Ihrer Körperhaltung, mit Ihrer Mimik und mit Ihrem Gang Signale aussenden und bei Ihren Mitmenschen eine Wirkung erzielen, so senden Sie auch mit Ihrer Gestik deutliche Signale aus. Die Signale der Gestik sind kulturspezifisch. Sie müssen daher damit rechnen, dass sie nicht in allen Ländern das Gleiche bedeuten.

Der nach oben gehoben Daumen ist zum Beispiel in vielen Ländern ein Zeichen für die Zahl „Eins", steht aber auch für „gefällt mir". Doch im Irak, im Iran oder in Afghanistan ist es ein Zeichen für eine vulgäre Beleidigung!

Die mögliche Mehrdeutigkeit mancher Gesten wurde 1992 dem US-Präsidenten George W. Bush in Australien zum Verhängnis. Er streckte bei einer Rede Zeigefinger und Mittelfinger nach oben und machte damit das bekannte „V"-Zeichen für „Victory". Sein Handrücken zeigte dabei zu den Zuhörern. In Amerika ist es bedeutungslos, ob bei der Geste für „Victory" die Handinnenfläche zum Betrachter zeigt, oder die Hand um 180 Grad gedreht ist, also der Handrücken zu sehen ist. Doch in Australien ist dem nicht so. Macht jemand in Australien das „V" für Victory und dreht dabei den Handrücken zum Betrachter, so ist das nicht das Zeichen für „Victory", sondern eine Geste mit dem verdoppelten „Stinkefinger". Die australischen Zuhörer waren daher von dieser Geste nicht gerade angetan.

Wenn Sie in einem Gespräch, einem Vortrag oder bei einer Präsentation Gesten wirkungsvoll einsetzen, hat das den Vorteil, dass Sie damit Ihre Mitmenschen nicht nur verbal erreichen, sondern auch deren visuelle Wahrnehmung ansprechen. Reden Sie mit Händen und Füßen. Ihre Worte wirken so wesentlich lebendiger.

Jonathan Koch schrieb mir:

> „Charisma ist für mich eine gewinnende Ausstrahlung, welche die Kommunikation zu Menschen aus der Umgebung, wie auch zu Fremden, vereinfachen kann. Ein charismatischer Mensch ist bewusst in dem, was er tut; er weiß, was er tut, und kann das auch transportieren und nutzen. Im ersten Moment fällt er gegebenenfalls durch seine zufriedenere Persönlichkeit oder auch durch ein beson-

deres Aussehen auf. Doch ist Charisma für mich weder das Aussehen noch Eloquenz, sondern vielmehr die vielen undefinierbaren Gesten, welche in der Kommunikation unwillkürlich zu einem freundlichen, sympathischen und erhabenen Klima führen. Dieses oft unbewusste Mittel, welches zu einer positiven Fremdwahrnehmung führt, vereinfacht die Kommunikation."

Beispiele für Gesten:

Eine Rhythmusgeste: Mit der Auf- und Abwärtsbewegung des Unterarms wird die Bedeutung einer Aussage zusätzlich betont. Der ausgestreckte Zeigefinger wirkt dabei sehr dominant.

Eine Selbstberührungsgeste: Durch die flache Hand auf dem Mund wird Ihrer Betroffenheit ein starker Ausdruck verliehen.

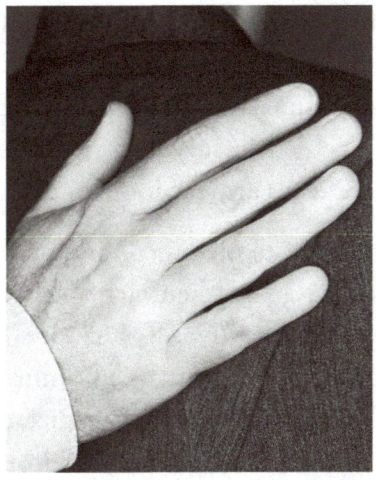

Eine Fremdberührungsgeste: Die flache Hand berührt die Schulter eines anderen Menschen. Die Fremdberührungsgesten sind von besonderer Bedeutung. Wenn die berührte Person genug körperliche Nähe zulassen kann, wirken diese Gesten oft sehr einfühlsam.

Die vierte Gabe:
Mit der Stimme überzeugen

Beispiel Montserrat Caballé und Freddie Mercury

Die spanische Opernsängerin Montserrat Caballé und Freddie Mercury, der Sänger der englischen Rockband Queen, haben es geschafft, mit dem Musikalbum Barcelona zwei so ausdrucksstarke Stimmen zu vereinigen und zu einem Ganzen zu verschmelzen, dass ich jedes Mal Gänsehaut bekomme, wenn ich mir das Album anhöre. Und an dieser Stelle bedaure ich, dass ich Ihnen keine Hörprobe einspielen kann, wie es bei einem Hörbuch möglich wäre. Sollten Sie dieses legendäre Album der Musikgeschichte noch nicht kennen, so kann ich Sie nur auf das Internet verweisen. Beim Anhören werden Sie meine Faszination für dieses musikalische Meisterwerk sicher teilen. Der Titelsong war für die Aufführung bei den Olympischen Sommerspielen 1992 in Barcelona vorgesehen. Doch leider starb Freddie Mercury kurz zuvor, und für Montserrat Caballé kam kein anderer Partner für dieses Duett in Frage.

Sänger und Schauspieler kennen die Wirkung ihrer Stimme ganz genau. Oft ist sie zu ihrem Markenzeichen geworden. Montserrat Caballé, Suzanne Vega, Freddy Mercury oder Udo Lindenberg erkennen wir sofort an ihrer markanten Stimme. Die Schauspielerin Katharina Thalbach und den Schauspieler Heinz Rühmann erkennen wir auf Anhieb, sobald wir ihre Stimme hören.

Ich erinnere an dieser Stelle noch einmal an das Wirkungsverhältnis von Körpersprache, Stimme und Inhalt, das Albert Mehrabian untersucht hat. Verstehen Sie, dass es nicht nur auf den Inhalt der Worte ankommt, sondern auch auf die Körpersprache und auf die Stimme?

Der Schauspieler Peter Espeloer antwortete mir hierzu in einem Gespräch:

> „Hm, mal sehen, Charisma, was weiß ich darüber? Hat vielleicht die Stimmlage im Tenor Auswirkungen auf das Charisma? Ist die Größe des Kehlkopfs schon entscheidend, ob das Gegenüber einen als charismatisch empfindet? Oftmals sagen wir ja, dass ein Mensch im Brustton der Überzeugung spricht. Es scheint egal zu sein, in welcher Stimmlage er spricht; auf jeden Fall ist zu hören, ob jemand irgendwo verklemmt ist oder quetscht, oder ob die Resonanzräume offen sind."

Die Kunst der Aussprache

Es lohnt sich, die Mund- und Lungenmuskulatur zu trainieren, damit Ihre Worte ausdrucksvoller die Ohren und Herzen Ihrer Mitmenschen erreichen.

Die folgenden Übungen verhelfen Ihnen schnell zu einer deutlicheren Aussprache und damit zu einer wirkungsvolleren Stimme.

Übung:

1. Zunge kräftigen

Halten Sie Ihren Mund geschlossen und umrunden Sie mit Ihrer Zungenspitze mehrmals von links nach rechts Ihre Schneidezähne. Sowohl innen, oben und unten, wie auch außen. Pressen Sie dabei immer stärker Ihre Zungenspitze an die Schneidezähne. Wiederholen Sie die Übung und umrunden Sie diesmal Ihre Schneidezähne von rechts nach links. Schon mit einem kurzen Zeitaufwand können Sie so sehr effektiv Ihre Zungenmuskulatur stärken.

2. Kiefer dehnen

Versuchen Sie, ihren Mund so weit wie möglich aufzureißen und Ihren Kiefer nach links und rechts zu bewegen. Stellen Sie sich dabei am besten einen brüllenden Löwen vor. Mit dieser Übung dehnen und kräftigen Sie Ihre Kiefermuskulatur.

3. Lippen stärken

Atmen Sie tief ein, und durch die geschlossenen Lippen wieder aus. Üben Sie hierbei keinen Druck auf Ihre Lippen aus, sondern lassen Sie einfach die Oberlippe auf der Unterlippe locker ruhen. Durch das Ausatmen versetzen Sie Ihre Lippen in eine Flatterbewegung und stärken damit die Lippenmuskulatur.

Eine weitere Übung ist, die Wörter „ich" und „du" schnell hintereinander auszusprechen. Bei dem Wort „ich" spannen sich die Lippen zur Seite, beim Aussprechen des Wortes „du" formen sich die Lippen dagegen spitz zu.

4. Mit einem Korken sprechen

Nehmen Sie einen Weinkorken und halten Sie ihn mit Ihren Schneidezähnen an einem Ende fest. Der Korken liegt hierbei waagerecht zwischen Ihren Zähnen. Nun nehmen Sie ein Buch zur Hand und lesen daraus einige Sätze laut vor. Der Korken bleibt dabei immer zwischen Ihren Schneidezähnen und verhindert das Formen der Buchstaben mit den Lippen. Sie müssen sich daher mit Ihrer Mund- und Zungenmuskulatur umso mehr anstrengen, jedes Wort und jeden Buchstaben deutlich und verständlich auszusprechen.

Die Übung mit dem Korken

Übung: Auch das laute und schnelle Vorlesen von sogenannten „Zungenbrechern" hilft Ihnen sehr schnell, Ihre
Aussprache deutlich zu verbessern.

- Blaukraut bleibt Blaukraut, Brautkleid bleibt
  Brautkleid.

- Der Potsdamer Postkutscher putzt den Cottbuser
  Postkutschkasten.

- Der dicke Dachdecker deckt dir dein Dach, drum
  dank dem dicken Dachdecker, dass der dicke
  Dachdecker dir dein Dach deckt.

- Der Flugplatzspatz nahm auf dem Flugplatz Platz. Auf
  dem Flugplatz nahm der Flugplatzspatz Platz.

- Hätte Hänschen Hans Holz hacken hören, hätte
  Hänschen Hans Holz hacken helfen.

- Der Metzger wetzt das Metzgermesser mit des Metzgers Wetzstein, mit des Metzgers Wetzstein wetzt der Metzger sein Metzgermesser.

- Der Whiskymixer mixt den Whisky mit dem Whiskymixer, mit dem Whiskymixer mixt der Whiskymixer den Whisky.

- Der Zahnarzt zieht Zähne mit der Zahnarztzange im Zahnarztzimmer.

Eine weitere Übung ist das Wortspiel „Apotheke". Lesen Sie die Wörter schnell von oben nach unten und direkt anschließend von unten nach oben laut vor:

APOTHEKE

PEPOTHEKE

OPOTHEKE

TEPOTHEKE

HAPOTHEKE

EPOTHEKE

KAPOTHEKE

EPOTHEKE

Der Schauspieler, Regisseur und Sprechlehrer Peter Rissmann hat mir geschrieben:

„…nun ist der kurze Text über Charisma doch eher gleichermaßen feuilletonistisch und auch philosophisch geworden, genährt aus dem, was ich in den letzten Jahren intensiv tue; nämlich als Sprechlehrer an Atem, Stimme und Körper zu arbeiten. „Charisma", das war für mich lange Zeit nur der Name eines türkischen Restaurants in einem Keller zwischen dem Alten Schauspielhaus und der Tri-Bühne in Stuttgart. Es gab würzig gegrilltes Fleisch, raffinierte Soßen, zum Beispiel köstliche Spießchen in markanter Erdnusstunke, rubinrote Weine, die nach Feige und Maulbeeren schmeckten und auf angenehme Weise den Gaumen strafften. Verführung pur, reuelose Triebbefriedigung, die Antrieb war, diesen erlesenen Ort immer wieder aufzusuchen, oder, war man lange nicht dort, den nächsten Besuch sehnsüchtig herbeizuwünschen. Gast im „Charisma" zu sein, war stimmig, brachte die besten Saiten zum Klingen. Charisma hat stets etwas Magisches.

Ein charismatischer Mensch besteht aus einer Melange von Eigenschaften und der damit verbundenen Ausstrahlung, die uns seine Nähe immer wieder aufsuchen lassen. Das sind einerseits Rattenfänger- und andererseits Erlösereigenschaften. Wir wollen in der Nähe dieses charismatischen Menschen sein, ganz egal, ob er uns in den Abgrund reißt oder „die besten Saiten in uns zum Klingen bringt". Ein charismatischer Mensch hat für andere Menschen einen öffnenden Charakter, ganz gleich, ob er uns auf die schönsten Eigenschaften unserer Seele einstimmt oder Eiterbeulen in uns zum Platzen bringt. Er ist Hinführung und Verführung, er holt uns aus der Deckung. Er hat nicht von ungefähr eine Stimme, die uns umfängt wie ein Mantel. Seine Stimme trifft uns nicht nur von ungefähr von vorn, sondern erreicht uns auch in überraschender Weise von hinten, als würde der Stimmklang uns mit einem Arm umfassen, die Hand wie zum Tanz auf den unteren Rücken legen und an sich ziehen: Wir sind von beiden Seiten im Solar Plexus getroffen. Es ist ein sinnliches Ereignis, wie ein Besuch im Restaurant „Charisma". Ein charismatischer Mensch ist und ist nicht verborgen. Körper, Sinn und Stimme sind im Einklang, er ist Einheit mit sich selbst. Diese Einheit hat für uns etwas Goldenes, an das wir unseren Finger legen möchten. Wie in Grimms Märchen „Marienkind" wollen wir das verbotene Zimmer öffnen und teilhaben am Glanz des Göttlichen. Viele von uns spüren das Verbotene daran, eins zu sein mit uns selber, uns auf den Klang unserer ureigenen Stimme einzustimmen. Wenn wir das erreichen, sind wir nämlich Teil des verbotenen Zimmers, wir vergolden uns. Wir essen den Apfel des Paradieses, ohne dass uns die Schlange verführt, aus eigenem Antrieb. Endlich haben wir verstanden, dass das Göttliche in uns ist, wir ein Teil der göttlichen Welt sind. Und in einem Teil ist auch immer das Ganze. Die DNA steckt in jeder einzelnen Körperzelle. Wenn wir im Einklang sind mit uns selber, stößt unsere Stimme und die Ausstrahlung unseres Körpers Fenster auf nach außen. Wir werden wahrgenommen. Unser Charisma umfängt die Welt mit den Armen und bittet zum Tanz."

Herr Pilsl, weshalb ist die Stimme so wichtig für ein charismatisches Auftreten?

„Wenn du beginnst zu sprechen, dann müssen die Menschen spüren, dass das, was du sagst, wirklich aus deiner tiefen Überzeugung kommt. Nicht dass etwas aus deinem Hirn kommt, das du dir gerade angelesen hast, sondern die Menschen müssen spüren, dass es ein Teil von dir ist.

Mutiges Auftreten, eine klare Sprache sprechen, in deiner Stimme spürt man eine gewisse Autorität, eine Vollmacht. Wenn das nicht spürbar ist, dann ist deine Glaubwürdigkeit nicht besonders hoch, auch wenn du das Richtige sagst. Daher müssen wir an unserer Stimme arbeiten. Doch woher kommt dieser Spirit, der unsere Stimme so attraktiv macht, der unsere Stimme so vollmächtig macht, so authentisch macht? Es muss lebendiges Wasser aus unserem Innersten strömen. Strömt lebendiges Wasser aus deinem Herzen heraus, dann erreichst du auch die Herzen anderer Menschen mit deiner Botschaft. Wenn das aber nur staubtrockene Information ist, die aus deinem Hirn kommt, dann wirst du die Herzen anderer Menschen niemals erreichen. Dein Hirn ist nicht kompatibel mit den Herzen anderer. Zwei Hirne sind kompatibel – wichtig, aber staubtrocken – und zwei Herzen sind auch kompatibel. Wenn zwei Herzen miteinander verbunden werden, fließt lebendiges Wasser. Management verbindet die Hirne der Menschen miteinander: Wichtig, aber staubtrocken. Leadership verbindet die Herzen der Menschen miteinander. Und wo zwei Herzen miteinander verbunden werden, passieren gewaltige Dinge. Die Stimme ist ein ganz wichtiges Werkzeug für einen Leader."

Atem und Atmung

Ich freue mich sehr, dass ich an dieser Stelle zwei Texte veröffentlichen darf, die auf wunderbare Art auf den Atem und die Atmung eingehen. Ich zitiere zuerst einen längeren Auszug aus einer Pfingstpredigt der Pfarrerin Dr. Anneke Peereboom:

„Fangen wir doch einfach mal am Anfang an, als die Erde noch wüst und leer war. Denn da lesen wir, gleich im zweiten Satz der Bibel: „Und der Geist Gottes schwebte auf dem Wasser." (Gen 1,2b). In Althebräisch: „We ruach elohim merachefet al pené hamajjim." Ruach – der Geist. Dreihundertachtundsiebzig Mal findet sich dieser Begriff allein im Alten Testament – und das ist eine ganze Menge. Die alten Israeliten, das waren Poeten der Lautmalerei. Mit dem Wort „ruach" haben sie versucht, den Klang nachzuempfinden, der beim Atmen entsteht. Sie können das ja mal ausprobieren – das „ru" bezieht sich aufs Ein- und das „ach" aufs Ausatmen: „ru-ach". Das Wort hat im Althebräischen auch eine ganz andere Bandbreite als unser ziemlich eingeschränkter deutscher Begriff „Geist". „Ruach" – das heißt Geist, aber auch Atem, Hauch und Wind. Es lässt sich in der Bibel gar nicht klar ausmachen, wann von welchem Aspekt des Wortes „ruach" die Rede ist – für das Alte Testament ist das alles mehr oder minder eins. Fest steht, der „ruach" ist unsichtbar wie die Luft, die wir atmen, aber doch hochwirksam – wenn unser Atmen aufhört, sterben wir. „Ruach" ist weder greifbar noch fassbar, aber doch überall präsent; völlig frei, und doch zielgerichtet, scheinbar ein Nichts, und doch absolut lebensnotwendig.

Der „ruach elohim", der Geist Gottes, tritt deshalb im Alten Testament immer wieder in seiner Rolle als Lebensspender in Aktion. Vielleicht erinnern sie sich an die Situation, als Gott im Garten Eden den ersten Menschen, Adam, erschafft, den er wie ein Töpfer aus Erde vom Ackerboden knetet. Adam heißt übersetzt: „Erdboden" und meint gleichzeitig die Menschheit an sich. Diesem Lehm-Menschen bläst Gott den „ruach" ein; Luther übersetzt es mit „Odem des Lebens in die Nase" (Gen 2,7b), und dann heißt es im Buch Genesis: „Und so ward der Mensch ein lebendiges Wesen." Doch dieser „ruach elohim" ist für uns ebenso unverfügbar wie das Leben selbst. Gerade die Psalmen lassen keinen Zweifel daran, dass der „ruach" (der Geist/Atem Gottes) nur eine Leihgabe ist, und dass wir eines Tages, wenn der „ruach" zu Gott, seiner Quelle, zurückkehrt, wieder zu dem Staub werden, aus dem wir einst entnommen worden sind. In der Vorstellungswelt des Alten Testaments ist dieser Körper, der wieder zu Staub wird, nicht wesentlich für einen Menschen – das, was ihn ausmacht, was ihn antreibt und bewegt, das ist alles durch den „ruach Gottes" in ihn hineingelegt, der nicht vergeht, sondern eines Tages zu Gott zurückkehrt. Wir würden heute vielleicht am ehesten von der Seele sprechen, die nach unserem Tod weiter besteht. Sie merken vielleicht schon – das ganze Konzept vom Heiligen Geist ist im Alten Testament gar nicht so hypothetisch-philosophisch gedacht, wie es heute in unseren Ohren klingt. Es hat ganz pragmatisch etwas mit dem Atem zu tun, der uns leben lässt. Dahinter steht die Vorstellung, dass jeder Atemzug, jedes einzelne „ru-ach" uns in Verbindung mit dem „ruach elohim", mit dem Geist Gottes bringt, dass unser Körper letztlich ganz automatisch den Namen Gottes betet bei jedem Mal, wo er ein- oder ausatmet. Für mich ist das die beste Erklärung, die ich für die neutestamentliche Aufforderung zum „Beten ohne Unterlass" (1. Thess. 5,17) je gefunden habe – denn Atmen geht ja sogar im Schlaf wie von selbst."

 **Übung:** Die folgende Übung hilft Ihnen, Atem und Atmung bewusster wahrzunehmen. Machen Sie diese Übung im Stehen, denn im Sitzen ist die Lunge eingeengt. Ihr Oberkörper ist aufrecht. Ihre Füße stehen parallel und hüftbreit auf dem Boden. Ihre Hände liegen flach auf Ihrem Bauch.

- Atmen Sie tief durch die Nase ein und durch den Mund wieder aus.

- Atmen Sie tief ein und spüren Sie dabei, wie sich Ihr Bauch zu einer Kugel formt.

- Atmen Sie aus und spüren Sie dabei, wie Ihr Bauch wieder flacher wird.

- Zählen Sie beim Einatmen bis drei und beim Ausatmen bis sechs.

- Bilden Sie zusätzlich beim Ausatmen den Konsonanten „sssss".

- Machen Sie nach dem Ausatmen, nachdem die gesamte Luft aus Ihrer Lunge herausgeströmt ist, eine Pause. Nehmen Sie dabei bewusst den Moment der absoluten Ruhe in sich wahr, bevor Sie wieder einatmen.

Es ist, glaube ich, klar, dass Ihr Atem und Ihre Atmung eine ganz entscheidende Auswirkung auf Ihr Auftreten haben. Sie zeigen damit nicht nur Ihr Wohlbefinden oder Ihr Unbehagen an, sondern Sie zeigen damit auch Ihre geistige Haltung.

Die Zen- und Yogalehrerin Ellen GenKi Österle schreibt:

> „Der Atem ist ein lebendiges, beflügelndes Element, das zum Ausdruck bringt, wie ein Mensch sich bewegt, wie seine Ausstrahlung ist. Der Atem fließt bei gesunden Menschen ohne jegliches Zutun. Er ist das ganze Leben

da, und so lange er da ist, bleibt er meist unbemerkt, wie etwa die Bewegung des Denkens oder das Strömen von Lebenskraft. Trotzdem sagt er etwas über unseren augenblicklichen Zustand aus. Bin ich erregt, hektisch, unruhig, flatterig, stockend oder aber ruhig, entspannt, fließend, souverän? Es besteht nämlich eine Wechselwirkung zwischen Bewusstsein, Atem und Körper. Wie wir atmen, so sind wir! Aber es besteht die Möglichkeit, durch bewusste Lenkung unseres Atems, unseren Seins-Zustand zu verändern.

Ruhiges, langsames Atmen kann Ruhe schenken, tiefes Atmen größere Stabilität. In der Meditation ist der Atem ein wichtiger Bestandteil. Der Körper richtet sich auf mit dem Einatmen und entspannt beim Ausatmen. Die Konzentration auf den Atem lässt die Gedanken in den Hintergrund treten, und wir können nun völlig entspannt in uns ruhen.

Im Yoga, in der Übung eines „asanas", geht es beispielsweise um eine Erfahrung, die den Körper in der Haltung von Ruhe, Ausgeglichenheit, Gelöstheit, einem ruhig fließenden Atem und einem gedankenfreien Geist zeigt. Und bei der Haltung des „tadasana" hat der Übende die Chance, mit dem Einatmen und der damit verbundenen Aufrichtung Kraft zu schöpfen von der Erde. Mit dem Ausatmen entspannen wir. Wir berühren die beiden Pole Himmel und Erde.

Wird der Atem bewusst erfahren, bewusst erlebt, ist er Ausdruck von Schönheit, weitet den Körperraum, öffnet die Herzensmitte und verbindet uns mit dem Rhythmus der Natur; den Pflanzen, Tieren, Steinen und dem ganzen Kosmos."

Ihre Atmung hat darüber hinaus auch eine rein körperliche Auswirkung auf Ihre Stimme. Durch eine flache Atmung wirkt Ihre
Stimme schwach. Sie haben zu wenig Luft in der Lunge und
beim Sprechen können Sie dadurch Ihre Stimmbänder nicht ausdrucksstark in Schwingungen versetzen. Die folgenden Übungen
helfen Ihnen, die Lungenmuskulatur im Brustbereich und in der
Bauchregion zu stärken. Sie können dadurch mehr Luft einatmen,
und Ihre Stimme klingt kräftiger.

Übung:

1. Ausatmen auf „aaaaa"

Holen Sie tief Luft und lassen Sie die Luft langsam durch
Ihren weit geöffneten Rachen ausströmen. Hierbei bilden Sie den Vokal „aaaaa". Je weiter Sie den Mund und
auch den Rachen öffnen, desto lauter und kräftiger können Sie den Vokal „aaaaa" erzeugen. Ihre Stimme darf
dabei bis zum Ende des Ausatmens nicht höher oder tiefer werden, da Sie sonst den Kehlkopf zusammenpressen.
Ergänzend klopfen Sie mit der flachen Hand leicht auf
Ihre Brust. Dies stärkt zusätzlich die Lungenmuskulatur
in Ihrem Brustbereich.

2. Die Übung mit dem Buch

Legen Sie sich flach auf den Rücken und legen Sie ein
schweres Buch auf Ihren Bauch. Nun atmen Sie tief in
ein. Ihr Bauch formt sich zu einer Kugel und das Buch
hebt sich. Gleichzeitig übt das Buch mit seinem Gewicht
einen Widerstand auf die Bauchmuskulatur aus. Dadurch
trainieren Sie die Lungenmuskulatur in der Bauchregion,
insbesondere das Zwerchfell. Je stärker die Muskulatur in
der Bauchregion ist, desto tiefer können Sie Luft holen.

3. Die Atemübung mit dem Strohhalm

Diese Übung führen Sie am besten im Stehen durch. Nehmen Sie einen Strohhalm zwischen Ihre Lippen. Atmen Sie durch die Nase tief ein und durch den Strohhalm aus. Dadurch dass der Strohhalm eine dünne Röhre ist, müssen Sie die Luft regelrecht aus Ihrer Lunge durch den Strohhalm herauspressen. Das stärkt Ihre Lungenmuskulatur im Bauch- und im Brustbereich.

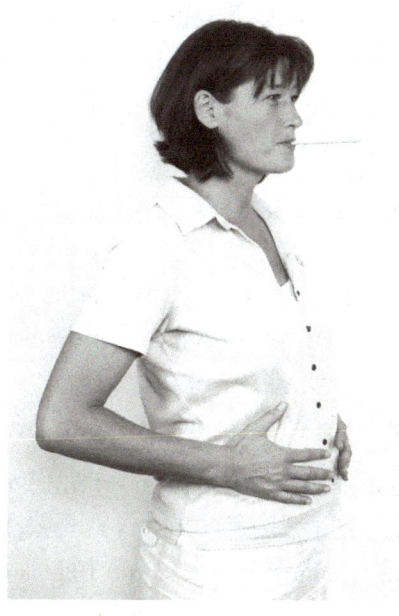

Die Übung mit dem Strohhalm

DIE FÜNFTE GABE:
WIRKUNGSVOLL AUFTRETEN

Beispiel Barack Obama

Barack Obama überzeugt mich immer wieder mit seiner groß-artigen Begeisterungsfähigkeit. Mit dem Satz „Yes We Can" hat er nicht nur seine Wählerschaft im Wahlkampf überzeugt. So wurde er der 44. Präsident der Vereinigten Staaten von Amerika. Seitdem benutzte er den Satz als sein Leitmotiv. Viele Menschen bewundern dabei seine Zielstrebigkeit und die Verantwortung, die er für sein Handeln übernimmt. Auf der Homepage von Barack Obama ist zu lesen:

> „Change will not come if we wait for some other person or some other time. We are the ones we've been wait-ing for. We are the change that we seek: Veränderung wird nicht geschehen, wenn wir auf andere warten oder auf eine andere Zeit. Wir sind die, auf die wir gewartet haben. Wir sind die Wende, die wir suchen."

Auch wenn sein politisches Handeln als Präsident nicht immer wertschätzend war, wirkt Barack Obama auf mich stets sehr cha-rismatisch. Grundlage hierfür ist seine Begeisterungsfähigkeit, sein souveränes Auftreten, seine Schlagfertigkeit. Dazu kommt sein Talent für Entertainment und seine geschliffene Rhetorik.

Im Internet gibt es ein Video, das Barack Obama bei einer Rede vor dem „Most Powerful Women Summit" in Washington zeigt: Plötz-lich löste sich das Präsidentenwappen vom Rednerpult und fiel pol-ternd zu Boden. Es ist sehenswert, wie spontan er darauf reagierte. Mit dem Satz: „Das macht nichts, jeder weiß ja, wer ich bin", hatte er nicht nur die Lacher auf seiner Seite, sondern unterstrich damit auf wunderbare Weise seine Schlagfertigkeit.

Sehr interessant ist, wie Barack Obama sich anschließend wieder in seine emotionale Balance bringt. Denn sein Schock war scheinbar groß. Nicht wegen des abgefallenen Präsidentenwappens, sondern weil er zunächst nur ein polterndes Geräusch wahrgenommen hatte, das er nicht sofort zuordnen konnte. Es hätte auch einen Anschlag auf ihn bedeuten können. Dass dem nicht so war, erkannte er aber erst, als er sich über das Rednerpult beugte und das heruntergefallene Wappen sehen konnte. Doch da hatte die Nebennierenrinde schon längst reagiert und Stresshormone im Körper ausgesendet. So benötigte Barack Obama einen Moment, um sich wieder zu beruhigen. Erst dann konnte er seine Rede konzentriert fortsetzen.

Wie wichtig ist Kommunikation für einen Leader, Herr Pilsl?

„Ein Leader muss ein guter Kommunikator sein. Er muss die Fähigkeit haben, seine Visionen wirklich hochattraktiv, inspirierend und ermutigend zu kommunizieren. Seine Aufgabe ist es, seine Vision weiterzugeben, sein Team zu inspirieren und zu ermutigen – egal, um was für ein Treffen es sich handelt."

Wie wir miteinander sprechen

Sicherlich kennen Sie das berühmte Eisbergmodell von Paul Watzlawick zur Kommunikation. Demnach sprechen wir auf zwei Ebenen. Wie bei einem Eisberg ist der eine Teil sichtbar und der andere Teil unsichtbar. Und ebenfalls wie bei einem Eisberg ist der sichtbare Teil wesentlich kleiner als der größere unsichtbare

Teil, der unter der Wasseroberfläche verborgen ist. Was sind nun aber die zwei Ebenen, und welcher Teil ist in der Kommunikation sichtbar und welcher nicht? Nach Paul Watzlawick sprechen wir auf der sichtbaren Ebene rational. Man könnte auch sagen, dass dies die reine Übermittlung von Worten ist. Der unsichtbare und wesentlich größere Teil des Eisbergs aber ist der emotionale Aspekt: Wie sagen wir etwas, und welche Wirkung wollen wir damit erzielen? Wenn ein Ehemann beispielsweise als Beifahrer in einem Auto zu seiner Frau am Steuer sagt: „Schatz, die Ampel ist grün", macht er dann nur eine rationale Feststellung, oder drückt er auch gleichzeitig einen emotionalen Aspekt aus; etwa, dass er schon längst losgefahren wäre?

Ähnlich wie mit Ihrer Körperhaltung können Sie also auch in der Kommunikation Ihren Mitmenschen positive oder negative Signale senden. Dies geschieht nicht nur, wenn Sie positiv oder negativ über sie sprechen, sondern auch auf der emotionalen Ebene. Denn je nachdem, wie Sie sich mitteilen, können Sie folgende Signale senden:

- Ich bin okay – Du bist okay

- Ich bin okay – Du bist **nicht** okay

- Ich bin **nicht** okay – Du bist okay

- Ich bin **nicht** okay – Du bist **nicht** okay

Mit Hilfe dieser vier Formulierungen erkennen Sie, dass es in einem Gespräch entweder zwei Gewinner gibt, die auf gleicher Augenhöhe miteinander kommunizieren, oder einen Gewinner und einen Verlierer, oder eben auch zwei Verlierer. Ein gutes und offenes Gespräch wird immer auf der Ebene „Ich bin okay – Du bist okay" stattfinden.

Wie wichtig es ist, ein Gespräch auf dieser Ebene zu führen, macht das folgende Beispiel aus der Fliegerei deutlich:

Bei einer Frachtmaschine fehlte während des Landeanflugs die positive Anzeige, dass das Fahrwerk ausgefahren sei. Der Flugkapitän entschied sich, nicht zu landen. Er versuchte in einer Warteschleife alles, um das Fahrwerk doch noch ausfahren zu können. Seine Bemühungen blieben jedoch ohne Erfolg. Daraufhin ließ er einen Schaumteppich auf dem Rollfeld auslegen. Anschließend flog er weitere Warteschleifen, um mit möglichst wenig Kerosin in den Tanks zu landen. Damit wollte er die Gefahr eines Feuers bei der Notlandung soweit wie möglich reduzieren. Der Copilot machte ihn nach etlichen Warteschleifen darauf aufmerksam, dass das Kerosin zu Ende gehe, und sie sofort landen müssten. Aber der Flugkapitän flog weitere Warteschleifen. Dann setzte das erste Triebwerk aus, wenige Augenblicke später auch das zweite. Die Maschine stürzte ab, fünf Meilen von der Landebahn entfernt. Beim Aufprall fing die Maschine kein Feuer! Es war kein Tropfen Kerosin mehr in den Tanks.

Wie konnte es dazu kommen? Was war vorgefallen? Warum stürzte die Maschine ab?

Als der Flugunfall mit Hilfe der Blackbox aufgeklärt wurde, erkannte man, dass der Absturz wohl auch eine Folge falscher Kommunikation war. Der Flugkapitän war sehr dominant. Er vermittelte seinem Copiloten im Gespräch das Gefühl, dass er als Flugkapitän okay sei, der Copilot aber nicht. Er sei ja schließlich nur der Copilot. So traute sich der Copilot zwar, dem Flugkapitän zu sagen, dass der Treibstoff zu Ende gehe, aber er traute sich das nur einmal, und leider ohne Erfolg!

Zu der Frage, wie wir miteinander sprechen, passen auch die weiteren Gedanken von Jonathan Koch:

„Da Kommunikation in der Streitschlichtung das einzig mögliche Mittel ist, die „Streithähne" zu erreichen, vereinfacht ein charismatisches und energievolles Auftreten das Ziel, ein sympathisches Klima zu erschaffen. Nur in einem Klima, in dem sich alle wohlfühlen, ist es möglich, alle zu „erreichen". Denn nur wenn ich mein Gegenüber erreiche, ist es auch bereit, mich an diesen oft sehr privaten Dingen teilhaben zu lassen. Ohne diesen ersten Schritt ist eine Streitschlichtung also nicht möglich."

In dem Buch „Führung durch Charisma" beschreibt der Autor Michael Grinder sein Verständnis von einem charismatischen Handeln. Er benutzt hierzu die Sinnbilder von Hunden und Katzen. Mir persönlich gefallen diese Sinnbilder sehr gut; sie verdeutlichen nämlich unser Verhalten in der Kommunikation hervorragend. Denn eine Katze können wir nur mit viel Einfühlungsvermögen dazu bringen, sich auf unseren Schoß zu setzen und streicheln zu lassen. Dagegen können wir einem Hund klare Anweisungen und Befehle geben, und er wird sie auch befolgen. Für einen Charismatiker ist es also wichtig zu erkennen, welche Menschen er wie ansprechen kann. Er muss darauf achten, in welcher Situation er kommuniziert.

Ist bei einem vertraulichen Gespräch eher Einfühlungsvermögen angesagt, so ist es für das Führen einer großen Gruppe eher hilfreich, klare Anweisungen zu geben.

Durchleuchten Sie doch in den nächsten Tagen Ihr Verhalten in unterschiedlichen Gesprächen. Dann bekommen Sie vielleicht ein Gefühl dafür, wann Sie eher einfühlsam, wie zu einer Katze, oder mit klaren Ansagen, wie zu einem Hund, sprechen sollten.

In beiden Fällen ist wichtig, dass Sie auf der Ebene „Ich bin okay – Du bist okay" agieren. Zusätzlich sollten Sie Ihre Worte umsichtig wählen. Ein gesprochenes Wort kann, wie ein abgeschossener Pfeil, nicht mehr zurückgeholt werden! Viele Probleme sind auf unachtsam gesprochene Worte zurückzuführen. Sind Ihre Worte aber passend gewählt, dann haben sie eine ganz besondere Kraft.

Dies verdeutliche ich in meinen Seminaren mit dem folgenden Beispiel: Ich lege eine Euromünze in meine Hand und balle sie zur Faust. Dann sage ich zu allen Teilnehmern, dass diese Münze der Person gehören wird, die es schafft, an die Münze zu kommen. Fast alle versuchen mit Gewalt, meine Faust zu öffnen. Kaum jemand kommt auf die Idee zu sagen: „Ich würde mich freuen, wenn Sie mir diese Münze geben würden." Wenn das passiert, öffne ich sofort meine Faust und verschenke die Münze. Dann sprechen wir über die Macht des Wortes.

In meinen Gesprächen achte ich zusätzlich auf die Sprache der gewaltfreien Kommunikation, wie sie Marshall B. Rosenberg entwickelt hat. Die gewaltfreie Kommunikation wird auch als die „Giraffensprache" bezeichnet, denn die Giraffe hat von allen Landsäugetieren das größte Herz. Dieses Bild könnte auch für eine charismatische Ausstrahlung stehen. Sprechen Sie mit einem großen Herzen. Versuchen Sie zu spüren, in welcher Gemütsverfassung Ihr Gesprächspartner ist. Denn auch wenn Sie in einem Gespräch angegriffen werden oder man Ihnen Vorwürfe macht, lohnt sich der Versuch herauszufinden, wie sich der andere gerade fühlt.

Achten Sie bei Ihren Antworten immer darauf, aus welcher Gemütsverfassung heraus Sie Ihre Worte wählen und welche Absicht Sie damit verfolgen. Wählen Sie Worte, die die Menschen wie Grashalme sanft berühren; Worte, die nicht mit der Wucht eines Felsblocks auf andere fallen. Je besser es Ihnen in einem Gespräch gelingt, die Bedürfnisse Ihres Gesprächspartners wahrzunehmen und mit Empathie darauf zu reagieren, desto charismatischer werden Sie wahrgenommen.

Was haben Sie, Herr Pilsl, in Ihrer Zeit als Wirtschaftsjournalist in Amerika von Sam Walton, dem Gründer der Einzelhandelskette Walmart, über Kommunikation gelernt?

„Ja, ich habe achtzehn Jahre lang die Firma Walmart intensiv studiert. Mich hat immer fasziniert, wie ein ganz einfacher Countryboy aus Oklahoma, im Supermarktgeschäft, einer hoch konkurrenzträchtigen Branche, das größte Unternehmen der Welt entwickelt hat. Sam war ein ganz einfacher Mensch. Er hat sehr viel mit seinen Mitarbeitern gesprochen. Er ist mit seinem kleinen Flugzeug von Zweigstelle zu Zweigstelle geflogen, ist ohne Vorankündigung einfach in eins der Geschäfte gegangen und hat mit den Mitarbeitern gesprochen. Niemand hat ihn als Chef gefürchtet. Alle haben sich gefreut, wenn er gekommen ist. Seine besondere Stärke war es, die Vision von Walmart zu kommunizieren. Es würde jetzt zu weit gehen, die Vision von Walmart hier mitzuteilen, aber es ist eine ganz einfache Vision, die jedem Mitarbeiter – egal, ob er an der Kasse steht oder im Lager arbeitet – sofort einleuchtet. Und er hat sie kommuniziert, immer wieder kommuniziert. Und bei dieser Gelegenheit hat er eine Methode entwickelt, wie er Korrektur anbringen kann, ohne dass sie als Kritik eingestuft wird. Die Menschen haben sich gefreut, wenn der Chef gekommen ist und mit ihnen über die Dinge gesprochen hat, die man verbessern kann. Er hat mit viel Lob gearbeitet, und statt zu kritisieren, hat er einfach Korrekturen eingebracht.

Lob ist Dünger, Kritik ist Gift. Wer kritisiert, vergiftet das Umfeld. Wer lobt, bringt Menschen zum Wachsen. Ermutigung ist immer der Sauerstoff, der die Menschenherzen zum Hüpfen bringt.

Was Sam Walton auch sehr gut konnte, war, eine ganz einfache Sprache zu sprechen und seine Botschaft so einfach wie möglich zu halten; er war ja ein Countryboy. Je einfacher die Botschaft ist, umso mehr Menschen verstehen sie. Und wenn die Menschen die Botschaft verstehen, dann tragen sie sie auch weiter, und so multipliziert sich etwas. Von Sam Walton habe ich sehr, sehr viel gelernt."

Damit Sie Ihre Botschaft in einem Gespräch erfolgreich mitteilen können, sollten Sie sich im Vorfeld auf das Gespräch gut vorbereiten. Die folgenden fünf Schritte sind hierfür eine Anregung:

1. Schritt:

- Wie lautet meine Kernaussage in drei Sätzen?

2. Schritt:

- Kenne ich den Standpunkt meines Gesprächspartners?

3. Schritt:

- Was ist mein Gesprächsziel?

4. Schritt:

- Welche Argumente will ich nennen? Welche Reaktionen und Gefühle will ich auslösen?

5. Schritt:

- Wie gehe ich mit Einwänden um?

Mit dieser Gesprächsplanung ist auch bei Konfliktgesprächen die Wahrscheinlichkeit sehr groß, Lösungen zu finden, die den Bedürfnissen beider Gesprächspartner entsprechen.

Beherzigen Sie zusätzlich die folgenden Tipps:

- Sprechen Sie Ihren Gesprächspartner mit seinem Namen an.
- Teilen Sie ihm mit, dass Sie ihn schätzen.
- Beginnen Sie mit aufrichtiger Anerkennung.
- Bevor Sie kritisieren, sprechen Sie zuerst von Ihren eigenen Fehlern.
- Achten Sie die Meinung Ihres Gesprächspartners. Sagen Sie niemals zu ihm: „Das ist falsch!"
- Wenn Sie selbst Unrecht haben, dann geben Sie es offen zu.
- Sprechen Sie Lösungsmöglichkeiten an.
- Erteilen Sie keine Befehle.
- Geben Sie Ihrem Gesprächspartner die Chance, sein Gesicht zu wahren.

Herr Pilsl, wodurch wirkt ein Charismatiker in einem Gespräch überzeugend?

„Ich glaube nicht, dass es die Aufgabe eines Leaders, eines Charismatikers ist, andere zu überzeugen. Ich glaube vielmehr, dass es unsere Aufgabe ist, unsere Botschaften so zu formulieren, dass alle sich selbst davon überzeugen können, dass diese Botschaft richtig ist und das Leben positiv verändert. Es gibt ein Gesetz von Saat und Ernte. Es wird nie vergehen, solange die Erde besteht. Und es gilt auch für uns Menschen. Der Input, den ein Leader seinen Mitarbeitern gibt, ist auch der Output, der aus den Mitarbeitern hervorkommt. Der Input, den ein Leader seinen Kunden gibt, ist auch der Output, der aus den Kunden herauskommt, und daraus entsteht Empfehlungsmarketing. Es ist sehr wichtig, dass wir das verstehen. Das Samenkorn bestimmt die Ernte, nicht der Ackerboden. Die Qualität und die Art des Samenkorns entscheiden über die Qualität und die Art der Ernte. Die Qualität des Ackerbodens entscheidet über die Quantität der Ernte. Darum überlege dir als Leader gut, welches Wort du in die Herzen anderer Menschen hineinsprichst. Denn das ist das, was wieder herauskommt. Das Samenkorn ist die Information. Die Information, die du weitergibst an andere Menschen, ist das Samenkorn, das die Herzen deiner Zuhörer verändert – und damit dein ganzes Unternehmen.“

Die Faszination einer Rede

Der griechische Philosoph Aristoteles schreibt in seiner Lehre über die Rhetorik, dass ein guter Redner über drei Eigenschaften verfügen muss:

Ein Redner benötigt „logos“. Er muss in seiner Rede gute Argumente anführen. Er muss über „ethos“ verfügen. Es ist die Kunst, selbstbewusst aufzutreten und für andere ein Vorbild zu sein. Und er muss in einem ganz besonderen Maß über „pathos“ verfügen. Das ist die Fähigkeit, bei den Zuhörern Emotionen zu wecken.

Corinna Clack, Tanzpädagogin und Choreografin, unterstreicht aus ihrer Sicht den Aspekt des „pathos" ebenfalls:

> „Als Tanzvermittlerin ist man charismatisch, wenn man selbst für den Tanz brennt, und dieses Feuer an die Teilnehmer weitergeben kann. Ich glaube außerdem, dass Charisma ganz viel mit Authentizität zu tun hat. Die kommt sofort beim Gegenüber an – egal, ob ich den Tanz lehre oder zeige."

Auch die Fachärztin für Allgemeinmedizin Dr. med. Monika Jiang spricht von dem Funken der Begeisterung, der auf die anderen überspringt:

> „Charisma ist für mich in erster Linie die persönliche Ausstrahlung; die Gabe, von innen sein Licht nach außen strahlen zu lassen, und damit Menschen begeistern zu können; den Funken überspringen zu lassen, und damit das Feuer der Begeisterung in anderen zu entzünden. Charisma ist wie der leuchtende Stern, der den Hirten im Abendland den Weg gezeigt hat: ein Strahlen, welches anderen als Anleitung dienen kann, und ihnen den Weg zeigt. Charisma ist meist eine Eigenschaft, die nicht vom Himmel fällt, sondern in vielen kleinen Alltagshandlungen und in einem langen Reifeprozess entstanden ist.
>
> Charisma bedeutet für mich, das eigene Licht voll zum Erstrahlen zu bringen und sein eigenes Potenzial voll aufleben zu lassen, es zu fördern und ständig zu erweitern. Charisma bedeutet, andere zu Leistungen zu bewegen, die sie von sich niemals erwartet hätten. Charisma sprüht vor Leben; es ist der Funke, der das Meer der Begeisterung entzünden kann. Charisma sehe ich am ehesten in

Menschen, die (wenn man sie genauer kennt oder ihre Biografie befragt) über lange Zeit systematisch an sich gearbeitet, und sich damit weiterentwickelt haben."

Hier möchte ich Ihnen zum Schluss noch einige Anregungen geben, wie Sie bei einer Rede wirkungsvoll auftreten können. Zuerst möchte ich die Eigenschaft von „pathos", näher beleuchten, also die Kunst, bei den Zuhörern Emotionen zu wecken. Denn in diesem Punkt deckt sich die Lehre des Aristoteles von vor zweitausend Jahren mit den Studien zu Charisma von Ronald E. Riggio.

Ein aufschlussreiches Beispiel ist die berühmte Rede von Martin Luther King, die er anlässlich des Marsches nach Washington für Arbeit und Freiheit vor mehr als 250.000 Menschen gehalten hat. In den ersten Minuten hatte er seine Rede von seinem Manuskript abgelesen. Die Menschen hörten ihm zu, aber er berührte sie nicht emotional. Doch dann löste er sich von seinem Manuskript, ließ sich von seinem Herzen inspirieren, und redete über seinen Traum. Mit „I have a dream" hielt Martin Luther King eine der berühmtesten Reden des zwanzigsten Jahrhunderts und schrieb in fünf Minuten Weltgeschichte.

Damit Sie bei Ihren Zuhörern Emotionen wecken und deren Herzen berühren können, empfehle ich Ihnen die Arbeit mit dem Subtext.

Ich habe die Arbeit mit dem Subtext in meiner Fortbildung zum Camera-Acting erlernt und nutze sie seitdem auch als Grundlage in meinen Rhetorikseminaren. Der Subtext des Schauspielers vermittelt dem Zuschauer ein bestimmtes Gefühl, auf dessen Grundlage der Schauspieler dann die Sätze aus dem Drehbuch spricht. Als Leser bekommen Sie ja in der Literatur auch manche

Informationen nur „zwischen den Zeilen". Erst mit dem Subtext wird der Schauspieler in seiner Rolle glaubwürdig. Ohne Subtext würde sein Spiel wie eine aufgesetzte und kalte Maske wirken.

Nehmen wir einmal das Beispiel, dass sich ein Liebespaar nach der Trennung jahrelang nicht gesehen hat. Über das Internet haben sie sich wieder ausfindig gemacht, sich geschrieben und ein Treffen vereinbart. Nun kommt der Tag des ersten Wiedersehens. Im Drehbuch steht für den männlichen Schauspieler in dieser Szene der Satz: „Ich freue mich, dich zu sehen." Mit einem Subtext hat er nun verschiedene Möglichkeiten, diesen Satz mit unterschiedlichen Emotionen auszusprechen. Ein möglicher Subtext könnte sein: „Ich liebe dich noch immer!" Mit dieser inneren Haltung, mit dem Gefühl der Liebe, spricht dann der Schauspieler den Satz aus dem Drehbuch in die Kamera: „Ich freue mich dich zu sehen." Der gesprochene Text des Schauspielers bekommt mit dem Subtext jene emotionale Tiefe, mit der er im Film die Herzen der Zuschauer berührt.

Auch Sie können sich für Ihre Rede einen Subtext erarbeiten. Die Affirmation, wie ich sie in Kapitel zwei beschrieben habe, ist dabei der grundlegende Baustein. Sie gibt Ihnen mehr Sicherheit und mehr Selbstbewusstsein. Der zusätzliche Subtext unterstützt Sie in Ihrer emotionalen Grundhaltung, mit der Sie auf Ihre Zuhörer wirken wollen.

Beispiele für einen Subtext können je nach Anlass der Rede sein:

Glück	Trauer	Mut
Freude	Liebe	Begeisterung
Mitgefühl	Stolz	Dankbarkeit

Um das vom Subtext geforderte Gefühl deutlich empfinden zu können, erinnern Sie sich an ein Erlebnis aus Ihrem eigenen Leben, in dem Sie dieses Gefühl besonders stark gespürt haben. Wie es sich zum Beispiel angefühlt hat, als Sie vor Glück hätten platzen können. Oder wie es war, als Sie Schmetterlinge im Bauch hatten.

Nehmen Sie das noch einmal mit allen Sinnen bewusst wahr. Treten Sie nun mit diesem Gefühl vor Ihre Zuhörer. Nehmen Sie auch bewusst Ihre Körperhaltung wahr. Wie ist Ihre Körperhaltung, wenn Sie ganz bewusst in dem Gefühl sind? Ist Ihre Körperhaltung stimmig? Denn auch Ihre Körperhaltung spiegelt eine Emotion wider.

Zusätzlich können Sie die Facial-Feedback-Hypothese anwenden. Die Facial-Feedback-Hypothese belegt, dass unsere Gesichtsmuskulatur über die Nervenbahnen Signale an das Gehirn sendet, und dadurch im limbischen System eine Emotion erzeugt wird, die mit dem Gesichtsausdruck deckungsgleich ist. Wenn Sie beispielsweise beide Mundwinkel nach oben ziehen und sich die Augen verkleinern, so dass kleine Lachfältchen in den äußeren Augenwinkeln entstehen, machen Sie den Gesichtsausdruck der echten Freude nach. Dieses Signal sendet Ihre Gesichtsmuskulatur über die Nervenbahnen an Ihr Gehirn, das daraufhin im limbischen System das Gefühl der Freude hervorruft. Sie können sich dadurch mit dem Nachahmen von Emotionen in Ihrem Gesichtsausdruck zusätzlich Ihre Gefühle für den Subtext bewusst machen.

Welches Gefühl Sie wahrnehmen möchten, hängt entscheidend von dem Anlass Ihrer Rede ab. Sicher ist der Anlass oft ein freudiger, aber manchmal müssen wir auch schlechte Nachrichten überbringen, dann kann auch Trauer angebracht sein.

Um die Wechselwirkung zwischen Ihrem Gesichtsausdruck und Ihrer inneren Haltung deutlich wahrzunehmen, empfehle ich Ihnen, vor einem Spiegel unterschiedliche Emotionen darzustellen. Verweilen Sie fünfzehn Sekunden bei dem jeweiligen Gesichtsausdruck und nehmen Sie das damit verbundene Gefühl bewusst in sich wahr.

Mit einem Subtext lassen Sie Ihre innere Haltung sprechen. Ihre Stimme und Ihre Körperhaltung folgen automatisch Ihrer inneren Haltung. So wirken Sie nicht gekünstelt, sondern absolut authentisch. Ihre Worte erhalten mit dem Subtext die emotionale Tiefe, mit der Sie die Herzen der Menschen berühren.

Meine innere Haltung ist oft bestimmt durch die Freude an meiner Tätigkeit. Darüber hinaus definiere ich meine Tätigkeit als eine Rolle, die ich für die jeweilige Situation voll und ganz annehme. Ich sehe mich in meinen Seminaren zum Beispiel nicht als Dozent oder Trainer, sondern in der eines Gastgebers, der mit Freude inspirierende Tischgespräche führt.

Sehr interessant sind hierzu die weiteren Gedanken von dem Schauspieler Peter Espeloer:

> „Charismatische Schauspieler sind für mich zum Beispiel Johnny Depp, Marlon Brando, Humphrey Bogart oder Martina Gedeck. Ich sehe und spüre, wenn sie spielen, dass sie sich ganz nah und empathisch an die Situation oder Emotion, die sie spielen, heranwagen, genau nachspüren und nahezu deckungsgleich mit ihrem Text und ihrem Sein agieren. Genau das Gleiche nehme ich wahr, wenn ich als Regisseur mit einem Darsteller arbeite. Ich sehe, wie er sich den Augenblick nimmt und nachspürt, und es auf seine individuelle Weise erspürt und erspielt. Physisch wie psychisch."

Mit einem weiteren Beispiel möchte ich Ihnen die Arbeit mit dem Subtext verdeutlichen. Für ein internationales Handelsunternehmen habe ich mit den jeweiligen Länderchefs im Rahmen einer Werbekampagne gearbeitet. Es wurde eine Videobotschaft für die Mitarbeiter in der jeweiligen Landessprache aufgezeichnet. Ich konnte als Coach zum größten Teil nicht verstehen, was die einzelnen Länderchefs sagten, da ich beispielsweise nicht polnisch oder spanisch spreche. Aber ich konnte auf dem Monitor die Aussagen spüren. Ich konnte nachempfinden, ob der jeweilige Länderchef charismatisch wirkte, oder eher nicht. Und es war mein Auftrag, deren charismatische Ausstrahlung zu fördern. Da die Kampagne am Rande einer Jahrestagung aufgezeichnet wurde, blieb hierzu kaum Zeit. Die jeweiligen Länderchefs betraten das improvisierte Aufnahmestudio, wurden vom Regisseur kurz eingewiesen, und die Aufnahmen wurden gedreht. Ich hatte jeweils nur wenige Augenblicke Zeit, um an der Wirkung zu feilen. Es hätte viel zu lange gedauert, an der Körperhaltung der Länderchefs zu arbeiten, um ihnen zu einer wirkungsvolleren Ausstrahlung vor der Kamera zu verhelfen. Ich konnte also nicht über eine veränderte Körperhaltung auch eine überzeugendere innere Haltung schaffen. Also habe ich die Methode umgedreht und die Arbeit mit dem Subtext angewendet. Ich habe die innere Haltung verändert, und damit auch eine bessere Körperhaltung erreicht. Hierzu habe ich verschiedene Fotos mit Wörtern wie Freude, Stolz oder Dankbarkeit unterlegt. So hatten die Länderchefs einen positiven Impuls. Ein positives Gefühl wurde so in ihnen hervorgerufen. Es funktionierte großartig, denn intuitiv nahmen sie eine wirkungsvollere Körperhaltung ein und strahlten vor der Kamera mehr Charisma aus.

Wenn Sie Ihren Subtext zu einem bestimmten Anlass festgelegt haben, so ist der nächste Schritt, Ihre innere Haltung auf Ihre Zuhörer wirken zu lassen. Auch hierzu gibt es eine sehr gute

Methode aus der Schauspielkunst, die Sie ebenfalls für Ihre Rede anwenden können. Es ist die Methode 21, 22, 23.

Sicher kennen Sie den Ablauf an einem Filmset, wenn der Regieassistent die Regieklappe schlägt und der Regisseur anschließend ruft: „und Action". Eigentlich könnte man glauben, dass nach der Ansage der Schauspieler sofort vor der Kamera agiert. Doch das stimmt nicht. Denn ein Schauspieler zählt nach dem Kommando „und Action" zuerst innerlich: 21, 22, 23 und beginnt erst dann, vor der Kamera zu agieren. Diese Zeit ist nötig, damit der Zuschauer später beim Anschauen des Films einen kurzen Moment Zeit hat, sich auf die gezeigte Szene einzulassen, diese in ihrer Gesamtheit zu erfassen und bewusst wahrzunehmen. Erst dann kann der Zuschauer der Handlung des Schauspielers folgen. Darüber hinaus nutzt der Schauspieler die drei Sekunden, um seinen Subtext wahrzunehmen und anschließend aus dieser Emotion heraus zu spielen.

Diese Methode können Sie wunderbar für den Start Ihrer Rede verwenden. Sie beginnen am Rednerpult nicht gleich mit dem ersten Satz, sondern Sie lassen sich Zeit! Zählen Sie innerlich: 21, 22, 23. In diesen drei Sekunden können Ihre Zuhörer Sie als Redner bewusst wahrnehmen und sich mental auf Sie einstellen. Und Sie selbst haben in diesen drei Sekunden ebenfalls die Möglichkeit, sich nochmals bewusst auf Ihre Rede einzustimmen. Atmen Sie hierbei tief ein und aus. Spüren Sie tief in sich Ihren Subtext und sagen Sie sich zusätzlich in Gedanken den Satz: „Ich bin okay, und Ihr seid die allerbesten Zuhörer!" Damit stellen Sie zwischen sich und Ihren Zuhörern eine positive und übergeordnete Ebene her. Sie sind okay und Ihre Zuhörer sind auch okay. Glauben Sie mir, auch wenn Sie den Satz nicht laut aussprechen, spüren Ihre Zuhörer dieses positive Signal, denn Sie strahlen es, zusätzlich zu Ihrem Subtext, automatisch mit Ihrer Mimik und mit Ihrer Körperhaltung aus. Lächeln Sie anschließend Ihre Zuhörer an und schauen Sie ihnen bewusst in die Augen. Nehmen Sie Augenkontakt auf. Der Augenkontakt ist gerade am Anfang einer Rede von großer Bedeutung. Denn damit vermitteln Sie Ihren Zuhörern Ihr Selbstbewusstsein. Sie schauen Ihre Zuhörer offen an und verstecken sich nicht mit gesenktem Blick auf Ihre Notizen hinter dem Rednerpult. Sicher können Sie nicht jedem einzelnen Zuhörer bewusst in die Augen schauen, aber Sie können mit Ihren Augen über die Zuhörerreihen blicken. Und damit geben Sie jedem einzelnen Zuhörer bereits das Gefühl, direkt von Ihnen angesprochen worden zu sein. Danach beginnen Sie mit den einleitenden Worten Ihrer Rede.

Im Folgenden noch einmal die einzelnen Schritte der Methode in der Übersicht:

- Zählen Sie vor dem ersten Satz innerlich von 21 bis 23.
- Atmen Sie tief ein und aus.
- Nehmen Sie Ihren Subtext wahr.
- Stellen Sie eine positive Beziehung her: „Ich bin okay und ihr seid die besten Zuhörer."
- Nehmen Sie Augenkontakt auf.
- Lächeln Sie Ihre Zuhörer an.

Eine wirkungsvolle Rede zeichnet sich auch dadurch aus, dass die Inhalte klar und deutlich strukturiert sind. Das ist der „logos", wie Aristoteles diese Eigenschaft für einen guten Redner bezeichnet. Schon im Vorfeld muss Ihnen klar sein, was das Ziel Ihrer Rede ist, und wofür Ihre Rede hilfreich sein könnte. Stellen Sie sich hierzu die folgenden vier W-Fragen:

- Warum halte ich diese Rede?

- Was möchte ich den anderen mitteilen?

- Wie können meine Zuhörer den Inhalt dieser Rede nutzen?

- Wofür ist meine Rede hilfreich?

Damit die Antworten auf diese Fragen gut strukturiert bei Ihren Zuhörern ankommen, ist es sinnvoll, den Inhalt einer Rede in drei Hauptargumente aufzuteilen, und jedes Hauptargument noch einmal in drei Unterargumente zu unterteilen. Wenn es die Fülle an Informationen erfordert, können Sie jedes Unterargument auch noch einmal in fünf weitere Aspekte aufschlüsseln, wie bei einer Hand mit fünf Fingern. Mit dieser Gliederung können die Zuhörer Ihren Argumenten bestmöglich folgen. Profis gestalten übrigens das dritte Unterargument oftmals humorvoll. Denn das Lachen öffnet die Herzen der Zuhörer!

Wenn Sie Ihre Rede frei halten, so verstärken Sie damit die Wirkung ihres Auftretens ganz erheblich. Aristoteles nennt es die Eigenschaft von „ethos". Es ist die Kunst, selbstbewusst aufzutreten und für andere ein Vorbild zu sein.

Mit der Gliederung der Rede in drei Hauptargumente und den dazugehörigen Unterargumenten ist es für Sie leichter, frei zu sprechen. Am Anfang kann es hilfreich sein, jedes einzelne Hauptargument mit den drei dazugehörigen Unterargumenten auf eine Karteikarte zu schreiben. Mit etwas Übung können Sie später auf die Karteikarten verzichten. Denn mit Ihrer immer größer werdenden Fähigkeit, eine Rede frei und sicher zu halten, haben Sie auch immer mehr Selbstvertrauen. Sie trauen sich nun auch zu, die logische Struktur Ihrer Rede mit allen Hauptargumenten und Unterargumenten aus ihrem Kopf abrufen zu können.

Die Kommunikationstrainerin Vera Birkenbihl hat für das Halten einer freien Rede das schöne Bild von den Steinen im Fluss benutzt. Jedes Argument ist ein großer Stein. Auf den Steinen können Sie stehen, um den Fluss sicher zu überqueren. Doch um jeweils den nächsten Stein zu erreichen, müssen Sie dorthin schwimmen. Für Ihre Rede bedeutet dies: Sie sollten frei sprechen!

Sehr wirkungsvoll ist es, wenn Sie Ihre Rede mit einer Geschichte oder mit einem Zitat beginnen. Sie erwecken damit viel mehr Aufmerksamkeit bei Ihren Zuhörern, als wenn Sie zuerst sagen: „Guten Tag, herzlich willkommen zu meinem Vortrag zum Thema…, mein Name ist…!" Denn das sind Informationen, die Ihre Zuhörer oft schon haben. Ihre Zuhörer kennen meistens Ihren Namen und auch Ihr Vortragsthema. Sie beginnen daher mit nichts Neuem. Und wenn Ihre Zuhörer als ersten Impuls mitbekommen, dass sie Informationen erhalten, die sie bereits kennen, schalten viele schon zu Beginn Ihrer Rede ab.

Meinen Vortrag „Körpersprache – Wir sprechen auch ohne Worte", beginne ich so: „Von dem Pantomimen Samy Molcho stammt das Zitat: „Dein Körper ist der größte Schwätzer, den es gibt." Der Kommunikationswissenschaftler Paul Watzlawick betont: „Wir können nicht nicht miteinander kommunizieren. Wir kommunizieren immer miteinander. Wenn wir nicht mit Worten sprechen, dann sprechen wir mit unserem Körper." Diese zwei Beispiele machen deutlich, dass nicht nur unsere Worte sprechen, sondern wir auch visuell wahrgenommen werden: Herzlich willkommen zu meinem Vortrag: Körpersprache – Wir sprechen auch ohne Worte."

In ähnlicher Weise empfehle ich Ihnen, Ihre Rede zu beenden. Der erste Eindruck ist entscheidend, und der letzte Eindruck bleibt in Erinnerung. Mit einem starken Ende bleiben Sie Ihren Zuhörern noch lange in Erinnerung.

Herr Pilsl, warum sind für Sie Geschichten bei einem Vortrag so wichtig?

„Menschen, die gute Story-Teller sind, denen hört man gern zu. Die Amerikaner sind Spezialisten im Geschichten-erzählen. In Amerika sagt man nicht umsonst: „Facts tell, Stories sell". In Deutschland konzentriert man sich eher darauf, Informationen zu vermitteln, Fakten weiterzugeben. In Amerika konzentriert man sich eher darauf, alles in Geschichten zu verpacken. Durch Geschichten, die direkt aus dem Leben kommen, verstehen die Menschen sehr schnell, worum es wirklich geht. Und wenn dann diese Stories auch noch mit viel Humor gespickt sind, dann öffnen sie das Herz. Und wenn das Herz sich öffnet, ist der Mensch auch bereit, seinen Verstand zu öffnen und die Information hineinzulassen in sein Innerstes.

Aber es ist sehr wichtig, dass die Geschichten aus deinem Leben kommen. Die Story muss leben. Wenn Du offen dafür bist, private Stories zu erzählen, macht dich das besonders attraktiv. Leider ist es so, dass der deutsche Manager sagt: „Ja, das ist Privatsache, das geht doch niemand etwas an." Lass es Privatsache sein, aber wundere dich nicht, wenn die Menschen dich nicht besonders attraktiv finden. Die Story, die du erzählst, erzählst du ja nicht, weil du anderen damit imponieren möchtest, sondern wir erzählen Stories, weil wir andere inspirieren möchten. Und diese Inspiration verbindet die Herzen der Menschen. Vergiss nicht: Facts tell, Stories sell!"

Die Gliederung einer wirkungsvollen Rede

1. Motivierende Eröffnung

- Erzählen Sie eine Geschichte, die einen Bezug zum Thema hat.

- Erläutern Sie ein Zitat zum Thema.

- Stellen Sie Ihren Zuhörern eine Abstimmungsfrage: „Wer von ihnen hat…?"

- Zitieren Sie aus der aktuellen Tagespresse.

- Beginnen Sie mit einer Studie zum Thema.

- Stellen Sie eine Frage, die Sie am Ende des Vortrags beantworten werden.

2. Kernaussage

Erläutern Sie Ihren Zuhörern das Vortragsthema mit den Antworten auf die vier W-Fragen: „Warum, Was, Wie und Wofür" in kurzen Sätzen.

3. Struktur der Argumente

Vermitteln Sie mit stichfesten Argumenten Ihre Botschaft.

1. Hauptargument – 3 Unterargumente

2. Hauptargument – 3 Unterargumente

3. Hauptargument – 3 Unterargumente

4. Struktur weiterer Argumente

Wenn es die Fülle der Informationen nötig macht, können Sie jedes Unterargument in fünf weitere Punkte aufteilen, wie bei einer Hand mit fünf Fingern.

5. Zusammenfassung

Wiederholen Sie die Inhalte in Kurzform.

6. Fragerunde

Binden Sie die Fragerunde in Ihre Rede ein.

7. Starkes Ende

Der erste Eindruck zählt, der letzte Eindruck bleibt in Erinnerung. Bleiben Sie Ihren Zuhörern mit Ihrer Meinung und mit Ihrer Persönlichkeit in Erinnerung.

- Erzählen Sie nochmals eine Geschichte, die einen weiteren Bezug zum Thema hat.

- Erläutern Sie ein weiteres Zitat zum Thema.

- Zitieren Sie nochmals einen aktuellen Zeitungsartikel oder eine aktuelle Studie.

- Beantworten Sie die offene Frage vom Anfang Ihrer Rede.

Inspiration und Motivation sind die Schlüsselwörter für jede gute Rede. In Ihren Vorträgen, Herr Pilsl, erklären Sie die Begriffe Inspiration und Motivation mit dem Bild eines Bergführers.

Wie inspiriert und motiviert ein Bergführer seine Gäste?

„Warum ist mein Heimatland Österreich ein so erfolgreiches Land? Ganz einfach: Weil so viele deutsche Urlauber nach Österreich auf Urlaub kommen. Warum kommen die Deutschen nach Österreich auf Urlaub? Ganz einfach,

weil wir Bergführer haben und keine Bergtreiber. Auch
keine Bergmanager. Oder würdest du nach Österreich
auf Urlaub fahren und einen Bergtreiber besuchen: „Lieber Bergtreiber, bitte treib' mich auf den Großglockner."
So pervers bist du wahrscheinlich nicht. Oder gehst du
nach Österreich auf Urlaub und besuchst den Bergmanager und sagst: „Lieber Bergmanager, bitte manage mich
auf den Großglockner." Der Bergmanager würde sagen:
„Okay, dort oben ist er. Ich war noch nie dort. Ich gehe
auch nicht mit. Aber wenn du willst, kann ich dich „hinmanagen" mit dem Handy." Manager haben die Tendenz,
von anderen Menschen Dinge zu erwarten, die sie selbst
nicht bereit sind zu tun. Das ist frustrierend. Aber wenn
du in Österreich zu einem Bergführer gehst und sagst:
„Lieber Bergführer, ich möchte so gern auf den Großglockner." Weißt du, wie der reagiert? Er schaut hinauf und
sagt: „Dort oben ist er. Ich war schon so oft dort." Er wird
ganz sentimental dabei. Und dann beginnt er dir ein Bild
zu zeichnen von der Herrlichkeit des gemeinsamen Ziels.
Er beginnt ein Bild zu zeichnen von gemeinsamen Erlebnissen, die wir jetzt haben werden auf dem Weg dorthin.
Und dann sagt er: „Ich kenne den Weg. Ich gehe voraus
und jeder, der will, darf mitgehen."

Es ist nicht der Bergführer, der die Leute hinaufzieht auf
den Berg. Es ist diese Bergspitze, diese gemeinsame Vision,
die die Menschen hinaufzieht. Und auf dem Weg hinauf
setzen die Menschen Energien frei, von denen sie selbst im
Tal nicht wussten, dass sie darüber verfügen – ein Riesenunterschied zwischen Management und Leadership. Der

Bergführer ist ein gewaltiges Bild für einen Leader. Er inspiriert die Menschen, er gibt ihnen ein Motiv, warum sie da hinaufgehen. Er motiviert sie. Er zeigt ihnen den Weg, er geht voraus. Er geht nicht hinterher und treibt sie hinauf, sondern er geht voraus und zeigt ihnen die Schritte, die zu setzen sind. Er spricht nicht nur über die Schönheit der Berge, über die Visionen, die wir haben, sondern er geht voraus in der Umsetzung. Ein Riesenunterschied. Und das ist so wichtig, dass wir das registrieren: Menschen wollen geführt werden. Mit einer Vision, die viel größer ist als der Leader selbst. Eine Vision, die größer ist als alle Beteiligten. Und diese Vision ist so attraktiv, dass die Menschen dann Talente freisetzen, von denen sie vorher gar nicht wussten, dass sie darüber verfügen. Energien, die bereits im Unternehmen sind, werden freigesetzt durch visionäre Leadership."

SCHLUSSWORT

Nehmen Sie sich einen Moment Zeit und reflektieren Sie noch einmal Ihr eigenes Verständnis von Charisma. Lassen Sie hierzu die Gedanken des Zen- und Bogenlehrers Kurt KyuSei Österle in Ruhe auf sich wirken:

> „Charisma wird übersetzt mit Gnadengabe. Es ist also ein Geschenk, eine Begabung, die zwar in jedem Menschen potentiell vorhanden ist, jedoch bei manchen Personen in besonderer Weise sichtbar und durch sie erfahrbar wird. Zunächst denken wir an große Persönlichkeiten der Weltgeschichte, Männer wie Buddha oder Jesus, Konfuzius, Martin Luther King, Mahatma Gandhi, Albert Schweitzer, Nelson Mandela, Willy Brandt. Frauen wie Hildegard von Bingen, Teresa von Avila. Oder aus der Neuzeit Luise Rinser, Dorothee Sölle, Joan Baez, Mutter Teresa und viele andere. Aber auch weniger bekannte Menschen verfügten und verfügen über diese Gabe, und sie haben in einem kleineren Rahmen durch ihr „Sosein" tröstend, heilend, ermutigend und wegweisend Einfluss nehmen können.
>
> Sie alle zeichnen sich aus durch eine Vision, eine Zukunftsperspektive, von der sie selbst in der Tiefe ihres Seins überzeugt sind; ja, die das Wesen ihres Seins ausmacht, wie Gandhi es selbst beschrieben hat, und die ansteckend wirkt, sodass andere Menschen davon fasziniert, überzeugt, angesteckt und beeinflusst werden. Charisma ist also eine spirituelle Ausstrahlung, verbunden mit Führungsqualität, Kreativität und Weisheit, geprägt von Inspiration und der Bereitschaft, sich durch Hindernisse nicht von dem eingeschlagenen Weg abbrin-

gen zu lassen. Charismatiker sind Menschen, die sich treu bleiben, auch wenn sie von ihren Zeitgenossen vielleicht als Schwärmer, Phantasten oder Träumer verlacht werden. Durch ihre Kraft kann bei ihren Anhängern ein Gefühl von Zusammengehörigkeit, gegenseitigem Vertrauen und Gemeinschaft wachsen, wodurch eine Dynamik entsteht, die Erstaunliches schaffen kann.

Ein Blick in die Geschichte der Menschheit zeigt also im Zusammenhang mit Charisma faszinierende Persönlichkeiten, ohne die viele heilsame Dinge nicht zustande gekommen wären, und ohne die unsere Welt ärmer wäre. Gleichzeitig zeigt aber auch die Geschichte, dass diese Gabe brutal zum Schaden vieler Wesen eingesetzt werden kann. Der Charismatiker wird zum Verführer. Fehlt ihm die Demut und das Mitgefühl, wird er hart und handelt aus rein egoistischen Motiven. Das starke Ich wird zum Über-Ich, das nichts und niemand neben sich anerkennt, und die eigene Botschaft wird zur absoluten Wahrheit, zum Dogma. Der Buddhismus hat eine Anzahl von Verhaltensregeln. Eine davon lautet: „Missbrauche nicht deine Gefühle!" Das gilt für alle Bereiche, die mit unserer Gefühlswelt zu tun haben, also auch für unsere Begabungen, mit denen wir die Gefühle anderer bewusst für unsere Zwecke einsetzen, gebrauchen oder missbrauchen. Es ist darum wünschenswert, dass jede starke Persönlichkeit, jeder spirituelle Lehrer oder Meister eine „Korrektur" über sich hat, bzw. ausgestattet ist mit Demut und der Bereitschaft, sich selbst zu hinterfragen, um frei zu sein von Egoismus und Selbstgerechtigkeit und offen dafür, seine Begabung in den Dienst dieser Welt und ihres Heils zu stellen."

Sehr geehrter Herr Pilsl, welche Anregungen möchten Sie dem Leser abschließend mit auf den Weg geben?

„Die erste Frage, die ein Leader und ein Charismatiker klären muss, ist: Weißt du wirklich, warum du auf dieser Erde bist? Kennst du deine gottgegebene Berufung? Wenn du diese Warum-Frage noch nicht beantwortet hast, wirst du nie dorthin kommen, wo du wirklich sein möchtest. Warum bin ich auf dieser Erde? Was ist mein gottgegebener Auftrag?

Die zweite Frage ist: Weißt du, wohin du gehen möchtest? Kennst du die Vision, die Gott in dein Herz hineingelegt hat? Bist du ein Visionär; einer, der eine Vision hat, die größer ist als er selbst? Hast du eine klare Vision? Und bist du bereit, konsequent darauf zuzugehen?

Die dritte Frage ist: Kennst du deine Zielgruppe? Beschäftigst du dich wirklich mit den richtigen Menschen, oder versuchst du, jedem irgendetwas zu verkaufen? Für dich gibt es eine ganz bestimmte Gruppe von Menschen, für die du zuständig bist, für die du auf dieser Erde bist. Und diese Zielgruppe gilt es festzustellen. Welche Zielgruppe ist an deiner Botschaft wirklich besonders interessiert? Beschäftigst du dich mit der richtigen Zielgruppe?

Die vierte Frage ist: Kennst du deine Botschaft wirklich, oder bist du nur ein Informant? Gott gab dir eine Botschaft, so wie Gott dem Gockelhahn eine Botschaft gegeben hat und den Vögeln und den Schweinen; so hat er auch jedem einzelnen Menschen eine ganz bestimmte

Botschaft gegeben. Bleibe bei deiner Botschaft. Versuche nicht, in allen möglichen Bereichen ein Spezialist zu sein. Bleibe bei deiner Kernbotschaft, und du wirst feststellen, dass immer mehr Menschen deine Nähe suchen und den Weg mit dir gehen.

Und die fünfte Frage ist: Denkst du wirklich in Systemen? Es geht nämlich um Multiplikation. Wenn Gott dir eine Botschaft gegeben hat, dann hat er sie dir gegeben, um damit viele Menschen zu erreichen. Um viele Menschen aus deiner Zielgruppe in ihrem Herzen zu erreichen, um ihre Herzen zum Hüpfen zu bringen. Und dafür braucht es Systeme der Multiplikation. Denkst du wirklich an Multiplikation? Denkst du in Systemen?

Das sind die fünf Fragen, die sich, wie ich glaube, jeder Leader stellen muss, und die er sich als Leader beantworten muss. Und dann wächst auch seine Ausstrahlung, sein Charisma. Er wird einzigartig gut in diesem Bereich. Und seine Zukunft ist gesichert."

 **Übung:** Zum Abschluss möchte ich Sie nochmals zu dem Selbsttest vom Anfang ermutigen. Die folgenden zwanzig Fragen helfen Ihnen, Ihre Wirkung auf Ihre Mitmenschen zu erkennen. Bewerten Sie bitte ihre Antworten auf dem Zahlenstrahl von Null bis Zehn, von gering bis groß. Nach der Beantwortung der Fragen können Sie wieder einen Mittelwert errechnen und beide Ergebnisse vergleichen.

Wie authentisch bin ich?

0   1   2   3   4   5   6   7   8   9   10

Kenne ich meine Werte?

0   1   2   3   4   5   6   7   8   9   10

Wie achtsam gehe ich mit anderen um?

0   1   2   3   4   5   6   7   8   9   10

Bin ich empathisch?

0   1   2   3   4   5   6   7   8   9   10

Bin ich intuitiv?

0   1   2   3   4   5   6   7   8   9   10

Unterstütze ich gern andere?

0   1   2   3   4   5   6   7   8   9   10

Kann ich mich unterordnen?

0   1   2   3   4   5   6   7   8   9   10

Übernehme ich die Verantwortung für mein Handeln?

0   1   2   3   4   5   6   7   8   9   10

Bin ich willensstark?

0   1   2   3   4   5   6   7   8   9   10

Lebe ich gemäß meinen Zielen?

0   1   2   3   4   5   6   7   8   9   10

Kann ich mir Fehler eingestehen?

0   1   2   3   4   5   6   7   8   9   10

Wie selbstsicher bin ich vor einer Gruppe?

0   1   2   3   4   5   6   7   8   9   10

Bin ich in ungewohnten Situationen in innerer Balance?

0   1   2   3   4   5   6   7   8   9   10

Kenne ich die Wirkung meiner Körperhaltung?

0   1   2   3   4   5   6   7   8   9   10

Kann ich gekonnt und facettenreich sprechen?

0   1   2   3   4   5   6   7   8   9   10

Kann ich gut zuhören?

0   1   2   3   4   5   6   7   8   9   10

Kann ich in einem Konflikt die Sichtweisen anderer wahrnehmen?

0   1   2   3   4   5   6   7   8   9   10

Kann ich Mitmenschen mit meinen Ideen begeistern?

0   1   2   3   4   5   6   7   8   9   10

Macht es mir Freude, frei und spontan eine kurze Rede zu halten?

0   1   2   3   4   5   6   7   8   9   10

Wie gut kann ich eine Gruppe führen?

0   1   2   3   4   5   6   7   8   9   10

Ronald E. Riggio und Prasad Balkundi beweisen mit ihren Studien, dass Charisma die Summe von Fähigkeiten und Eigenschaften ist, die jeder für sich weiterentwickeln kann.

In diesem Buch habe ich Ihnen dazu viele Anregungen gegeben. Darüber hinaus sind im besonderen Maße die Charaktereigenschaften eines Menschen verantwortlich für Charisma. Die zahlreichen Gedanken verschiedener Personen, die ich im Buch zitiert habe, und die ausführlichen Interviews mit Karl Pilsl haben dies sicher deutlich gemacht.

Ich hoffe, das Buch hat Ihnen geholfen, sich Ihrer Eigenart bewusst zu werden und die Maßstäbe zu erkennen, nach denen Sie handeln. Berühren Sie die Herzen der Menschen mit Ihrem

Charakter. Ihr Auftreten bleibt sonst zwar gut eingeübt und wird auch wirken. Aber ohne die besondere Ausstrahlungskraft, die tief aus Ihrem Herzen kommt, bleibt Ihre Wirkung begrenzt.

Ich möchte mich noch einmal sehr herzlich bei allen Menschen bedanken, deren Gedanken und Anregungen ich in diesem Buch veröffentlichen darf.

Ich wünsche Ihnen Freude und Mut, Ihr Charisma immer weiterzuentwickeln. Lassen Sie Ihre Persönlichkeit erstrahlen und berühren Sie die Herzen der Menschen!

Die folgenden Personen zitiere ich in diesem Buch:

Baum, Maik	Wirtschaftspsychologe, Musiker
Clack, Corinna	Tanzpädagogin und Choreografin
Eilert, Dirk W.	Mimik-Experte und Public Speaker
Espeloer, Peter	Schauspieler
GenKi Österle, Ellen	Zen- und Yogalehrerin
Grösche, Erik	Heilpraktiker auf dem Gebiet der Psychotherapie
Hensel, Ingeborg	Spirituelle Heilerin
Jiang, Dr. med. Monika	Fachärztin für Allgemeinmedizin
Koch, Jonathan	Student
KyuSei Österle, Kurt	Zen- und Bogenlehrer
Lutz, Sigrid	Coach und Trainerin
Margraf, Arno	Therapeut
Marschalleck, Dennis	International Sales Manager
Neumann, René	Trainer, Clown und Eventmanager
Panfilova, Tatiana	Studentin
Peereboom, Dr. Anneke	Pfarrerin

Pilsl, Karl	Unternehmer und Wirtschaftsjournalist
Rauschert, Volker	stv. Chefbademeister und Schneesportlehrer
Rissmann, Peter	Schauspieler und Regisseur
Schutte, Uta	Kabarettistin
Schweickert, Dagmar	Redakteurin
Wieczorek, Jürgen	Theologe
Winter-Koch, Kerstin	Leiterin einer Kindertagesstätte
Winter, Folko	Projektleiter

LITERATURVERZEICHNIS

Als Quellen für dieses Buch dienten mir die folgenden Bücher, Studien und Artikel in Zeitungen und Magazinen:

Aderhold, Egon / Wolf, Edith, „Sprecherzieherisches Übungsbuch", Henschel-Verlag (2005)

Antonakis, John / Fenley, Marika / Liechti, Sue, „Charisma ist lernbar", Selbstmanagment, Havard Business Manager (2012)

Aristoteles, „Rhetorik", Reclam (2012)

Avenanti, Alessio, „Racial bias reduces empathic sensorimotor resonance with other-race pain", Current Biology (2010)

Balkundi, Prasard / Kilduff, Martin, „Centrality and charisma: Comparing how leader networks and attributions affect team performances", Journal of Applied Psychology (Vol. 96, No.6, 2011)

Bartussek, Walter Samuel, „Bewusst sein im Körper", Grünewald-Verlag (2006)

Birkenbihl, Vera F., „Erfolgstraining", mvg-Verlag (1999)

Brahm, Ajahn, „Die Kuh, die weinte", Lotos-Verlag (2014)

Cabane, Olivia Fox, „Das Charisma-Geheimnis", mvg-Verlag (2014)

Cicero, „Der Redner", Reclam (2008)

Eberspächer, Hans, „Gut sein, wenn's drauf ankommt", Hanser-Verlag (2008)

Eilert, Dirk W., „Mimikresonanz", Junfermann-Verlag (2013)

Eilert, Dirk W., „Sie runzeln gerade die Stirn", Kommunikation & Seminar (5/2013)

Ekman, Paul, „Gefühle lesen", Springer-Verlag (2004)

Enkelmann, Claudia E., „Einfach mehr Charisma", Linde-Verlag (2010)

Etrillard, Stéphane, „Charisma", Junfermann-Verlag (2010)

Friedmann, Dietmar / Fritz, Klaus, „Denken, Fühlen, Handeln", Gabler-Verlag (2009)

Fripp, Patricia, „the fripp speech model", www.fripp.com

Grinder, Michael, „Führung durch Charisma", Synergeia-Verlag (2006)

Goleman, Daniel, „Emotionale Intelligenz", dtv-Verlag (1996)

Hanh, Thich Nhat, „Ich pflanze ein Lächeln", Goldmann-Verlag (2007)

Hey, Julius, „Die Kunst des Sprechens", Schott-Verlag (1971)

Küstenmacher, Werner Tiki, „Limbi, der Weg zum Glück führt durchs Gehirn", Campus-Verlag (2014)

Kürsteiner, Peter, „100 Tipps und Tricks für Reden, Vorträge und Präsentationen", Beltz-Verlag (2019)

Kupferschmidt, Kai, „Die Macht des Mitgefühls", Der Tagesspiegel (2013)

Levine, Kenneth, München / Robert und Brooks (Abby) „Measuring transformational and charismatic leadership, why isn't charisma measured?" Communication Monographs (Band 77, 2010)

Lipton, Bruce, „Intelligente Zellen", KOHA-Verlag (2009)

Malcomess, Hilde, „Rhetorik – souverän überzeugen", Cornelsen-Verlag (2009)

Mol, Justine, „Die Giraffe und der Schakal in uns", Junfermann-Verlag (2010)

Molcho, Samy, „Körpersprache", Goldmann-Verlag (1996)

Moraidis, Barbara, „Vorhang auf für mich", Cornelsen-Verlag (2009)

Navarro, Joe, „Menschen lesen", mvg-Verlag (2016)

Österle, Kurt, „Wenn der Bogen zerbrochen ist – dann schieß", S. Fischer-Verlag (2007)

Peseschkian, Nosrat, „Wenn du willst, was du noch nie gehabt hast…", Herder-Verlag (2013)

Philippi, Reinhard, „30 Minuten für die persönliche Inszenierung", Gabal-Verlag (2007)

Rötzer, Florian, „Empathie trocknet bei Generation Ich aus", Telepolis Wissenschaft (2010)

Ready, Romilla / Burton, Kate, „Übungsbuch NLP für Dummies", Wiley-Verlag (2009)

Rellstab, Felix, „Sprechtechnik Übungen", Stutz-Verlag (1998)

Riggio, Ronald E., „The Charisma Quotient", Dodd, Mead & Company (1987)

Rosenberg, Marshall B., „Gewaltfreie Kommunikation", Junfermann (2006)

Rosenberg, Marshal B., „Konflikte lösen durch gewaltfreie Kommunikation", Herder-Verlag (2004)

Rossié, Michael, „Wie fange ich meine Rede an", C. H. Beck (2016)

Ruch, Norman, „Körpersprache", Cornelsen-Verlag (2009)

Schulz, Nora, „Männer und Frauen fühlen anders mit", SPIEGEL-ONLINE (2011)

Senftleben, Ralf, „Zeit zu leben", www.zeitzuleben.de

Simon, Walter, „Persönlichkeitsentwicklung", Gabal-Verlag (2007)

Slade, Neil, „Der Glücksschalter", Rowohlt-Verlag (2007)

Strobl, Ingrid, „Mitgefühl – neue Studien zu einer alten Tugend", SWR2 Wissen (2013)

Tanahashi, Kazukai / Levitt, Peter, „Narren", Enso-Verlag (2010)

Watzlawick, Paul, „Anleitung zum Unglücklichsein", Piper-Verlag (2000)

Watzlawick, Paul, „Münchhausens Zopf", Piper-Verlag (2005)

Index der zitierten Personen

Bert Udo Koch

Lampenfieber

Nervosität überwinden und
als Kraftquelle nutzen

POCKET BUSINESS TRAINING

TOP IM JOB

Cornelsen